FRIEDRICH GULDA

REMBRANDT VERLAG

Klaus Geitel

Fragen an Friedrich Gulda

Anmerkungen zu Musik und Gesellschaft

Rembrandt Verlag Berlin

Mit 12 Abbildungen

Klischees: Excelsior Berlin West
Druck: Walter Bartos Berlin West
Bindung: J. Godry Berlin West
Printed in Germany
ISBN 3-7925-0202-X

Für Gisela und Reinhard

Wenn ich nicht „inspiriert“ bin, muß ich auf etwas Feststehendes zurückgreifen dürfen: die Komposition; in diesem Fall ist die Komposition eine Waffe gegen Mißgeschick ... Diese Waffe würde aber überflüssig, wenn es uns gelänge, Unglück und Mißgeschick endgültig zu besiegen. Für den Musiker bedeutet dies, des Charakters der Form als eines Verteidigungsmittels in Notlagen eingedenk zu bleiben, also nicht seinen Stolz an sie zu hängen, sondern eher sich ihrer als eines Behelfs zu schämen, den man, sobald nur irgend möglich, wegwirft, um frei zu fliegen ...

Friedrich Gulda

Mit Friedrich Gulda wird man sehr schnell fertig - oder gar nicht. Die letztgenannte Einstellung, so mühsam sie ist, empfiehlt sich nun allerdings bei der Beschäftigung mit einem Künstler, der es sich offensichtlich so schwer macht wie andere es sich leicht machen.

Denn damit, daß man Gulda unter die Spintisierer einreiht, ist es schließlich nicht getan. Spintisierer zeichnen sich ja seit je dadurch aus, daß sie über fragwürdigen Fundamenten geschlossene Denkgebäude errichten, die unerschütterlich in sich ruhen, solange man nicht an ihre Basis rührt. Dann erst beginnt das Gebälk zu ächzen.

Bei Gulda aber ächzt von vornherein alles. Er könnte mit Conrad Ferdinand Meyers Hutten sagen: „Ich bin kein ausgeklügelt Buch. Ich bin ein Mensch mit meinem Widerspruch". Und an Widersprüchlichkeiten ist bei Gulda wirklich kein Mangel; in Worten nicht und schon gar nicht in Taten. Denn wie kann es sein, daß ein Pianist, der zu den Großen des Jahrhunderts zählt durch die geradezu stürmisch luzide Art, mit der er sich den Notentexten der Vergangenheit nähert und sie mit hellsichtiger Demut neu, bestürzend und ohrenöffnend auslegt, von diesen Texten immer wieder Urlaub nimmt, um zu jazzen und von der Jazz-Musik inzwischen sogar zu einem Musizieren gelangt ist, für das sich kaum ein Vorbild und auch keine Entsprechung findet. Mit seiner „Anima"-Musik übt Gulda den nur noch seelisch bedingten Austausch form- und gestaltloser akustischer Äußerungen, die aus dem Nichts aufsteigen und zu Nichts vergehen.

Das Rätselhafte und Beunruhigende an dieser Entwicklung allerdings ist, daß Gulda mit ihr überall aneckt: bei Konservativen wie Progressiven, bei Traditionalisten wie Avantgardisten. Er hat alle Gruppierungen des Musikbetriebs gegen sich: dies allein schon ein seltener Fall und aller Aufmerksamkeit wert. Dabei spürt wohl auch der Widerstrebendste, daß Guldas mitunter geradezu penetrant wirkender Eigenbrötelei, seinem Rigorismus und seiner halsstarrigen Unbeirrbarkeit ein hoher Prozentsatz Idealismus beigemischt ist, um den ihn ruhig die meisten zeitgenössischen Musikmacher beneiden sollten. Denn anders als sie ist Gulda kein professioneller Unruhestifter, dem es darum geht, jedes tolle Experiment mit einem noch tolleren zu überflügeln. Er ist kein Musterschüler im Pflichtfach Aufsässigkeit.

Er denkt überhaupt gering von Schulen, Richtungen, Stilen und noch geringer von jener Musik, die aus nichts als genau miteinander verzahnten Noten besteht, deren Ordnungsschema analytisch aufzuzeigen zwar ein Entzücken des Verstandes auslösen kann, aber dennoch nicht überhören läßt, daß neben ihr, der durch ein ingeniöses Schleusensystem kanalisierten Musik, ein wahrer Strom lebendigster, täglich frisch erfundener Musik aufquillt, voller Untiefen, gewiß, aber auch voller Wirbel, Strudel und Stromschnellen.

Das Abenteuer des Elementaren in der Musik sieht Gulda in der Improvisation, die sich jene spielerische Schöpferkraft bewahrt hat, die als einziges Gegengift der wachsenden Sterilität entgegenwirkt, unter der die Musik unserer Tage leidet. Das bißchen verschämte Aleatorik, mit dem die neue Musik sich auf der Flucht aus der totalen Organisation neuerdings brüstet, erscheint ihm nicht als ein Ausbruch in lebenspendende Freiheit, sondern nur als eine Haftungsbeschränkung, mit der Bankrottiers ihre verprellten Gläubiger an der Nase herumzuführen versuchen.

Gulda ist Utopist, und er bekennt sich gern dazu, einer zu sein. Es ist nicht wienerische Quengelei, nicht egozentrische Rechthaberei, die seinen Standpunkt bestimmen. Es ist das Mißbehagen an der Entwicklung der abendländischen Kunstmusik, das sein Denken und Handeln leitet. Wer sich noch nie versucht fühlte, zu denken wie er, der werfe auf Gulda den ersten Stein.

By changing the music one can change the times!
(Friedrich Gulda)

Gulda: Zu Beginn – darf ich mal ein bisserl was fragen?

Geitel: Ja, bitte sehr! Drehen Sie den Spieß ruhig um.

Herr Geitel, ich weiß, Sie haben ein Buch oder auch mehrere Bücher geschrieben. Sie sind als Kritiker tätig, aber Sie stehen doch wohl mehr auf der sogenannten klassischen Seite?

Ja. Erschreckt Sie das?

Erschrecken kann man nicht sagen. Es ist nur so, daß ich, genau betrachtet, keinen Gesprächspartner im Laufe der letzten zehn Jahre gefunden habe, der genügend befähigt gewesen wäre, einer einseitigen Betrachtungsweise auszuweichen. Einfach durch seine Prädisposition, nach der ich mich jetzt auch bei Ihnen erkundigt habe. Schauen Sie, ich nehme jetzt ein Beispiel von der anderen Seite. Herr Berendt hat mit mir auch ein paar Interviews gemacht. Alles was ich sage, und ich kann sagen, was ich will, ich kann auch von der Mondfahrt reden oder von was immer: er bezieht es auf seine Jazz-Musik. Und bei Ihnen befürchte ich nun wieder das Gegenteil, zumindest aber eine ähnlich einseitige Orientierung. Das aber ist das Gefährliche.

Doch fangen wir an. Mein „background" ist durchaus konservativ. Mein Vater, um gewissermaßen bei Adam und Eva zu beginnen, war ein überzeugter und sehr kämpferisch gesinnter Sozialdemokrat, was zu seiner Zeit, das heißt in den zwanziger und dreißiger Jahren, nicht so lustig war wie heute. Mein Vater und meine Mutter waren Lehrer, meine Schwester ist auch Lehrerin. Also eine richtige bürgerliche Familie. Nicht großbürgerlich, eher kleinbürgerlich mit intellektueller Tendenz. Das ist also mein „background": eine Mischung – es ist vielleicht gar nicht so unwichtig, daß man damit anfängt – aus konservativer Lebenshaltung und stark fortschrittlicher Überzeugung. Mein Vater war ein pünktlicher Steuerzahler, jemand, der nie zu spät kam, der seine Pflicht erfüllte, auch wenn sie ihm sehr sauer wurde, der aber andererseits, ich will nicht sagen ein fanatischer, aber überzeugter Sozialist war. Und der auch – er war Schuldirektor in Wien – im Jahre 1934 beim Umbruch zum Austrofaschismus vier Jahre vor Hitlers Einmarsch in Österreich wegen seiner roten Gesinnung vom Dienst suspendiert wurde. Viele sind damals zu Kreuze gekrochen. Mein Vater nicht. Er war elf Jahre lang zwangspensioniert, saß zu Hause und lernte Französisch. Ich will damit sagen, diese

Kombination von Pflichtbewußtsein und Haltung mit fortschrittlicher Gesinnung: sie ist vielleicht auch im Zusammenhang mit mir nicht ganz unwichtig. Auch meine Mutter war Lehrerin, eine berufstätige Frau also, was damals auch nicht alltäglich war. Sie hat während der Zwangspensionierung meines Vaters das Geld verdient. Und mein Vater hat gekocht. Das waren für damals sehr ungewöhnliche Verhältnisse: geradezu eine verkehrte Welt, und in ihr bin ich aufgewachsen, zwischen meinem vierten und meinem fünfzehnten Lebensjahr.

Erhielten Sie auch Musikunterricht von Ihren Eltern?

Ja, beide Eltern waren Amateur-Musiker. Mein Vater spielte Cello, mit ihm habe ich meine ersten Kammermusik-Erfahrungen gesammelt. Wir haben zusammen musiziert. Meine Mutter spielte Klavier, wie jeder in Wien, und zwar recht gut. Das ist also meine Herkunft. Wichtig an ihr ist nur die Lehre, die mir mein Vater vermittelte: daß Charakter, daß Rückgrat, daß Stehvermögen fast noch wichtiger sind als Talent.

Musikalisch drückte sich das Konservative Ihrer Eltern doch wahrscheinlich darin aus, daß Sie Wiener Klassik spielten?

Richtig. Die für die damalige Zeit sehr fortschrittliche Gesinnung meines Vaters wirkte sich auf meine musikalische Erziehung gar nicht aus. Im Gegenteil. Er war fortschrittlich in der Theorie, aber konservativ in der Praxis, und meine musikalische Ausbildung war denn auch völlig regulär und konservativ: mit sieben oder acht Jahren erster Klavierunterricht bei einem für unsere bescheidenen finanziellen Verhältnisse erschwinglichen Privatprofessor. Dies vier Jahre, bis ich so weit war, um mit den erworbenen Kenntnissen die Aufnahmeprüfung in die Akademie zu bestehen; dort weitere vier oder fünf Jahre, wiederum konservatives Musikstudium, also alles ganz akademisch.

Welche Fortschrittlichkeit hätte Ihr Vater denn musikalisch in den zwanziger Jahren beweisen können oder sollen?

Die musikalische Entsprechung seiner politisch fortschrittlichen Gesinnung wäre doch wohl gewesen, daß er gesagt hätte: „Ja, lieber Sohn, es gibt den Schönberg und es gibt den Alban Berg". Das hat er aber nicht getan. Das alles war ihm suspekt. Denn Sie müssen bedenken – ich komme wieder aufs Politische zurück –, daß zwar die Sozialdemokraten dem Buch nach den Gegner rechts erblickten, daß aber de facto links von ihnen, nämlich bei den Kommunisten, der gefährlichere Gegner stand. Darüber war sich mein Vater völlig im klaren. Das war der Grund – sehe ich jetzt nachträglich –, warum er im Musikalischen der Wiener Schule skeptisch gegenüber stand. Das konnte er damals nicht formulieren, denn er war Lehrer und nicht Musiker. Aber ich weiß, daß mir das Zwangssystem der Zwölfton-Leute aus denselben Gründen musikalisch ebenso suspekt und gefährlich erscheint wie meinem Vater seinerzeit das der Kommunisten innerhalb des fortschrittlichen Lagers. Rückblickend auf meine musikalisch konservative Erziehung muß ich sagen: sie stellt sich jetzt als fortschrittlicher heraus als die sogenannte fortschrittliche. Ich bin sehr glücklich darüber, daß ich in meiner Jugend mit Beethoven und Schubert gefüttert wurde und nicht mit Schönberg. Ich bin heute immer noch ein begeisterter Beethoven-Spieler, daran hat sich nichts geändert. Es ist schon ganz gut, wenn man in einer gewissen Tradition aufwächst. Im Endeffekt: als Kind nimmt man an, was einem die Eltern sagen; später dann ist vielleicht der Lehrer der liebe Gott. Das geht so bis zur Pubertät. Dann kehrt sich das Bild radikal um. Dann sind das nicht mehr Götter, sondern Vollidioten. Und mit der Zeit, wenn man älter wird, tritt man diesen Vorbildern (ich spreche jetzt nicht von meinem Vater und auch nicht von meinen Lehrern, sondern von den geistigen Ahnen: Beethoven und Schubert) geistig als gleichberechtigter Partner gegenüber. Ich weiß, daß Beethoven Vorzüge und Schwächen gehabt hat, genau wie ich sie habe. Und ich bin daher heute imstande, ihm als selbständiger Geist – das klingt etwas überheblich, aber ich schäme mich dessen nicht – gegenüberzutreten. Er ist er, und ich bin ich. Er hat seine Schwächen und Vorzüge, und ich habe die meinen. Man braucht sich ihm weder bedingungslos zu unterwerfen, noch muß man ihn vom Podest stürzen. Diese Phasen sind vorbei. Man kann ihm demokratisch gegenübertreten. Und ich glaube, das ist mir am liebsten, und ihm wäre es sicherlich auch am liebsten gewesen.

Wann kam denn nun bei Ihnen der Moment, in dem Sie sich sagten, die Einengung in ein überliefertes Repertoire sei eigentlich menschen- und musikunwürdig?

Am Ende meiner Ausbildung, also als ich sechzehn oder siebzehn Jahre alt war. Bis dahin habe ich klassische Musik und Jazz-Musik angesehen, wie heute noch die meisten Zeitgenossen sie sehen: als völlig getrennte Welten. Aber ich habe darunter gelitten. Dann habe ich von meinem siebzehnten Lebensjahr an diese beiden musikalischen Gebiete – wie es der geistigen Situation entsprach – getrennt durchpflügt. Ich war einerseits weiterhin der klassische Pianist, der seine Konzerte spielt, habe mich aber andererseits als Jazzer zu bilden und weiterzuentwickeln versucht. Und erst Mitte der sechziger Jahre ist mir dann klar geworden, daß diese Situation eigentlich nicht tragbar ist, daß es zwar sehr lustig ist, wenn ich einmal der Gulda mit der Appassionata bin und dann wieder der Gulda mit seinen eigenen Jazz-Stücken, aber so übermäßig lustig war es wiederum auch nicht.

Was haben denn Ihre Eltern gesagt, als ihr Konzertsaal-Sohn plötzlich im Jazz-Keller verschwand?

Getreu ihrer konservativen Haltung erregte dieses „Im-Keller-Verschwinden" bei ihnen Kopfschütteln. Andererseits haben sie sich als erfahrene, vernünftige und fortschrittliche Pädagogen gesagt: „Laß den Jungen mal machen! Er wird schon wissen, warum er das tut. Auf uns kommt es doch nicht an." So waren meine Eltern. Es war ihnen unverständlich, aber sie haben niemals versucht, mir auch nur das Geringste in den Weg zu legen.

Waren Sie ein einzelgängerisches Kind? Vereinsamt, kontaktarm durch vieles Üben?

Ich würde es nicht so kraß sagen, aber ziemlich einsam war ich schon. Ich war kein konsequenter „loner", wie man sagt, wenn Einzelgängertum krankhaft wird. Aber ich hatte und habe immer noch eine stärkere Tendenz zur Ungeselligkeit als zur Geselligkeit.

Viele Einzelgänger sind doch gerade in den letzten Jahren in immer helleren Haufen auf die Barrikaden gesprungen, um der Vereinzelung zu entgehen. Sind Sie nicht gewissermaßen musikalisch auf die Barrikaden gestiegen, als Sie in den Jazz-Keller gingen?

Ja, weil es dort Freunde und Kumpels gibt, natürlich. Das ist eine ähnliche Motivation. Aber sobald ich auch nur im entferntesten merke, daß die nette Kumpanei, in der man sich wohlfühlt und frei unterhält, in so etwas wie Hitlerjugend ausartet, da bin ich dann lieber doch Einzelgänger, verstehen Sie? Und gerade das muß ich der sogenannten Neuen Linken allerschwerstens zum Vorwurf machen: daß ihre Gemeinschaftsbildungen diesen Vergewaltigungstrend in sich bergen und – durch Perversion der Ziele – zu noch größerer Vereinsamung führen können.

Welches war Ihr Ur-Erlebnis im Jazz? Kam es von der Schallplatte oder von einem Live-Konzert?

Ich habe mich zunächst an Schallplatten von Count Basie – also am Höhepunkt der Swing-Ära – und dann an den Aufnahmen von Charlie Parker und Dizzy Gillespie am Anfang der Bop-Ära orientiert.

Gab es Möglichkeiten in Wien, selbst zu spielen?

Ja, es gab den Fatty-George-Club, und in ihm haben sich alle Jazzer, die damals angefangen haben, darunter auch ich, beinahe allnächtlich, viele Jahre hindurch, solange es den Club halt gab, getroffen. Fatty George war nicht unser Jazz-Professor, eher im Gegenteil, er war halt der Ladeninhaber und hat auch sehr gut Klarinette gespielt. Und der Joe Zawinul, der damals etwa zwanzig Jahre alt war, hat sehr gut Klavier gespielt. Und der Hans Koller, der hat sehr gut Tenorsaxophon gespielt, und der Oskar Klein hat sehr gut Trompete gespielt, und meine Wenigkeit hat also auch ziemlich gut mitgespielt, und der Attila Zoller hat sehr gut Gitarre gespielt. Wir waren ungefähr zehn bis zwölf Leute.

Kamen die anderen auch, wie Sie, aus der Konservatoriumswelt oder kamen sie vom Amateurspiel?

Fatty George hatte klassische Klarinette studiert auf der Wiener Akademie, wo auch ich studierte, aber die Mehrzahl waren Wiener Musikanten aus dem Tanzmusik- und Barbetrieb-Underground, wie das halt so ist. Sie waren plötzlich da, mit sechzehn, achtzehn, zwanzig Jahren und fingen an zu jazzen.

Da platzten Sie doch gewissermaßen als der musikalisch feine Pinkel herein.

Die Jazzer hat das aber gar nicht so beeindruckt wie das Publikum. Das ist ja ein bißchen sensationslüstern. Die Jazzer reagierten schon aus Ignoranz ganz normal: sie wußten gar nicht, wer ich bin. Ich bin da mal eingegestiegen in einem Club, da kam ein Wichtigtuer und hat gesagt: „Wißt Ihr, mit wem ihr jetzt gespielt habt?" - Und da sagte der Jazzer: „Nee, aber das ist ja ein ganz dufter Pianist. Wer ist denn das?" - Darauf der andere: „Na, das ist doch der Gulda." Darauf hat der Jazzer ganz naiv und ehrlich gesagt: „Gulda? Wer ist denn das?" Keine Ahnung.

Da waren Sie natürlich entzückt. Aber im Grunde dürften Sie darüber nicht entzückt sein.

Entzückt oder nicht. Ich will damit nur eine Feststellung treffen. Erstens kann man an ihr ablesen, wie weit das Ignorieren geht. Darüber bin ich keineswegs entzückt, bin es damals auch nicht gewesen. Andererseits ist es ein gutes Zeichen für die Ehrlichkeit und Gesundheit der Jazzer, die sich gesagt haben: „Na ja, der eine heißt Meier, der andere Müller, und der heißt halt Gulda, und der spielt Klavier, und alles andere ist ja eigentlich wurscht." Der einzige, den die Tatsache meines klassischen Konzertierens beeindruckt hat, war Joe Zawinul, der sich daraufhin meinen Beethoven-Zyklus in Wien angehört hat und mir vor einem Jahr, als wir zusammen auf einer Südamerika-Tournee waren, gestand, daß er in den acht Konzerten dringesessen ist. Er sagte mir: „Man, you knocked me out!" Vorher hatte er sich nie darüber geäußert. Wahrscheinlich, nehme ich an, weil er der wohl Begabteste der ganzen Clique ist, und es ist sehr verständlich, daß auch heute noch ein gewisses Rivalitätsgefühl zwischen uns besteht. Wir sind gute Freunde, aber ich denke halt, der Zawinul ist der einzige, der gefährlich ist; und der Zawinul denkt das gleiche von mir. Und das ist ganz gesund und in Ordnung. Dieses Rivalitätsgefühl fußt darauf, daß jeder vom anderen weiß: mit dem muß man rechnen - nicht nur als Konkurrent, sondern als Stimme. Denn Zawinul macht auf seine Weise eigentlich dasselbe, was ich mache. Für ihn - und das Musizieren mit seiner neuen Gruppe - gilt jetzt, was man auf Englisch ausdrückt, mit: „He comes into his own." Jetzt kommt er in sein eigenes Territorium und bringt eine Musik, die man im engeren Sinne nicht mehr als Jazz bezeichnen kann und auch nicht soll. Er schreibt international music. Sie leitet sich aus der Jazz-Musik, wie es ganz natürlich ist, her. Aber Zawinul denkt in seiner Musik sehr stark an seine österreichische Heimat. Er integriert in seiner Arbeit auf allerschönste Weise alte Volksmotive, die er vom Begräbnis seines Vaters kennt, und andere ganz eigenartige Stücke, in denen sich österreichisch bäuerliche Urtradition - ich meine jetzt also die lange vor Johann Strauß gewachsene - erhalten hat und mischt sie mit der Jazz-Urtradition auf natürlichste und ungezwungenste Art. Bei Zawinul dominiert der Jazz, der lebt in ihm. Er ist eben ein Vollblut-Jazzer. Und bei mir dominiert ein bißchen mehr die österreichische klassische Tradition. Aber im Grunde genommen tun wir, jeder auf seine Weise, dasselbe. Manchmal wünschen wir uns, wir wären eine Person.

Das war doch aber immer schon so, daß traditionelle Volksmusik, ländliche Musik da und dort in die Kunstmusik überglitt.

Ja, und ich finde das sehr natürlich und gut. Mit Vergnügen gebe ich zu: Wir tun ja nichts gar so Neues. Auf der anderen Seite hat sich das Einwachsen der Jazz-Musik in die symphonische Form, bei Liebermann etwa, bei Strawinsky oder bei Henze nie über eine gewisse Koketterie hinausentwickelt. Bei Zawinul und bei mir geht es aber schon sehr weit darüber hinaus. Wir lachen zwar sehr viel, aber was das betrifft, sind wir von einem sehr strengen Ernst, und ich glaube, das ist die einzige Haltung - ich muß jetzt sehr pathetisch werden - die eines wirklichen Künstlers würdig ist. Allerdings halte ich das Symphonische im herkömmlichen Sinne für einen überholten, weil begrenzten Begriff, ähnlich überholt wie die Begriffe Klassik und Jazz. Ich aber will nicht in eine künstliche Begrenzung hineinwachsen, ich habe gar kein Interesse daran.

Sie wollen also eine Musik schreiben, die so vielspurig läuft, wie es Ihnen in den Sinn kommt.

Ja, etwa so. Das muß aber auf natürliche Weise geschehen, und es kann nur geschehen, wenn man immer tiefer zu den gemeinsamen Wurzeln der so verschieden scheinenden Musik vordringt.

Friedrich Gulda 1947

Als Lehrer der 13jährigen Martha Argerich in Wien 1955

Mit Artaulfo Argenta 1958

Mit Joe Zawinul im Jazz-Keller 1955

Mit Erich Kleinschuster, Fatty George, Toots Thielemans, hinten Hans Gerstberg

Mit Art Farmer, Julian Cannonball Adderley, Jay Jay Johnson 1966

Friedrich Gulda 1965

Mit Paul Fuchs, J. A. Rettenbacher, Limpe Fuchs

Mit H. G. Brunner-Schwer

Friedrich Gulda als Sänger Albert Golowin

Mit Klaus Weiss

Friedrich Gulda 1973

Worauf legen Sie den größeren Wert: auf Ihre kompositorische oder Ihre interpretatorische Arbeit?

Diese Trennung zwischen Spielen und Komponieren ist auch eine Sache, die abbaubedürftig ist. Sie hatte einen Anfang und hat ein Ende, und das Ende ist jetzt gekommen. Ich halte die Spezialisierung, die Trennung in Spieler und Macher, in Interpreten und Komponisten für eine vorübergehende Erscheinung auf einem zeitlich und geographisch sehr eng begrenzten Raum - für eine Ausnahme in der Musikgeschichte.

Aber Sie kennen doch die Schrecken der sogenannten Kapellmeistermusik!

Ja, doch diese Schrecken sind eigentlich löbliche, wenn auch unbeholfene und unzulängliche Versuche, diese Situation sozusagen auf eigene Faust, ohne die nötige Weite des Blicks, zu überwinden. Wenn also ein Kapellmeister hergeht und sagt: Ich bin jetzt ab sofort Komponist, dann ist das schon ganz gut. Die Tendenz halte ich für sehr richtig.

Wann komponieren Sie eigentlich? Immer?

Bei Bedarf - wobei das Wort Bedarf einen Doppelsinn birgt und zu fünfzig Prozent das innere Bedürfnis, zu fünfzig Prozent den ganz normalen äußeren Bedarf bezeichnet. Das heißt: ich habe etwa eine Tournee vor mit soundsovielen Konzerten, und da will ich meine eigenen Stücke spielen und die, die ich habe, sind mir vielleicht bereits langweilig. Dann besteht Bedarf für etwas Neues. Ganz praktisch, verstehen Sie? Dann schreibe ich halt.

Welches halten Sie für Ihr bestes Stück?

Ich rede jetzt nicht nur vom Komponieren, sondern auch vom Spielen. Ich kann zu den Großmeistern natürlich mit Spielen besser in Konkurrenz treten als mit Schreiben. Aber ich kann's mit Schreiben auch. Es gibt gute Stücke: die „Variations“ für Klavier etwa, nach neuestem Stand der Erkenntnis. Die „Variations“ sind ein gutes Stück; na ja, es ist nicht so gut wie die Werke der größten Meister, wie die von Bach, Schubert, Mozart, Beethoven, Debussy, also wie die der ersten Garnitur. Aber dieses und manches andere Stück ist ebenso gut wie das Beste der zweiten Garnitur: Brahms, Mendelssohn, Schumann. Und das ist ja immerhin schon etwas. Ich bin aber damit leider immer noch nicht zufrieden.

Wie werden Ihre Stücke vom Publikum aufgenommen? Unterschiedlich - oder herrscht beim Publikum die Meinung: von Gulda ist alles schön?

Eigentlich bin ich ganz zufrieden. Mehr noch: ich bin eigentlich sehr zufrieden. Ich habe mit meinen Stücken, die ich entweder einen ganzen Abend lang, oder mindestens im zweiten Teil eines Konzertes spiele - von sehr geringen Ausnahmen abgesehen - immer sehr guten Erfolg. Das Publikum taut meist im zweiten Teil spürbar auf, weil ein persönliches Moment hinzutritt. Es wird nicht mehr einem verstorbenen großen Geist gehuldigt. Natürlich gibt es Stücke, die weniger gefallen und solche, die mehr gefallen. Plakatiere ich ein Konzert mit Bachs „Wohltemperiertem Klavier“, dann würden heute viele junge Leute, die mich mehr als Jazzer und als Komponisten kennen, auch schon hingehen. Der alte Bach – den hören sie ja gern. Und die ältere Generation wiederum, die mit großem Wohlwollen, vor allem mit großem Beifall, meine eigenen Stücke quittiert, die freut sich dann wieder, daß ich ihr mit Bach komme. Das Publikum ist sehr differenziert, jeder denkt ein bißchen anders, doch dieses Denken insgesamt bleibt diffus. Es ist schwer zu sagen: Wie reagiert das Publikum? Es sind ja zweitausend einzelne Menschen, von denen jeder verschieden reagiert. Aber ich kann zusammenfassend sagen, daß der Anteil an jungen Leuten in meinen Konzerten meistens über fünfzig Prozent liegt, gleichgültig, was ich spiele.

Herr Gulda, eine utopische Frage: Ist Ihnen nie die Idee gekommen, was eigentlich aus Ihnen geworden wäre, wenn Sie nicht in Wien, sondern in Chicago oder New Orleans geboren worden wären? Haben Sie sich das je ausgemalt? Wie wäre der Weg des Musikers Gulda verlaufen?

Dann wäre die klassische Tradition bei mir so oberflächlich geblieben, wie sie es in Amerika im allgemeinen ist. Das heißt, ich hätte sie wahrscheinlich viel früher und ohne irgendwelche Schwierigkeiten ad acta gelegt und wäre gleich ein Jazzer geworden. Man kann sich doch nicht darüber hinwegtäuschen, daß produktiv auf klassischer Basis weder in Amerika noch in Japan etwas geleistet wird. Es wird doch nur nachgekaut, was in Europa vor zweihundert Jahren vorgekaut wurde. Das ist zwar sehr imponierend der Quantität nach, aber es fehlt ja die produktive Qualität. Und das ist inzwischen in Europa nicht anders. Die Frage stellt sich daher: Wie kann man die Sonderentwicklung der letzten dreihundert Jahre in Europa, die wir als „Klassische Musik“ bezeichnen, in das Bild der Weltmusik korrekt einordnen und zu der aller anderen Völker in eine nicht nur oberflächliche Beziehung setzen? Die oberflächlichste Beziehung wäre, daß irgendein Komponist hergeht und sagt: „Na, in Gottes Namen, spielen wir halt mal Koto oder afrikanisches Klavier“. Damit ist es nicht getan; das ist zu wenig. Das ist zwar sehr gut und schön, aber das reicht nicht aus. Worauf es ankommt, ist, die richtigen Zusammenhänge zu erkennen zwischen unserer Musik, ihrer Sonderentwicklung während der letzten Jahrhunderte und der Weltmusik, so, wie sie sich uns heute präsentiert, hauptsächlich in Form von Jazz-Musik. Nur dann verwandelt sich die Tradition, die ich habe oder die wir haben, aus einer Last in einen Vorzug. Leider aber gibt es einen Trend zur Abkapselung sogar in der

„schwarzen“ Musik Amerikas: das Black Power-Denken im Musikalischen. Da heißt es neuerdings: Die Weißen, das sind die weißen Teufel, wir wollen mit ihnen nichts mehr zu tun haben. Wir besinnen uns jetzt auf unsere afrikanischen Traditionen. Sehr einsichtige Leute in Amerika sind sich aber der Tatsache bewußt, daß das auch nicht der richtige Weg ist. Zusammenfassend kann man vielleicht sagen: es muß jeder aus seiner historischen Situation heraus versuchen - seien es jetzt wir Europäer mit unserer sogenannten Klassik, die Japaner mit der ihren oder die Schwarzen in Amerika mit ihrem „back to Africa“ - wie er die Last seiner eigenen Tradition, ähnlich wie ich von meinem Standort aus, in einen Vorzug und in einen Beitrag verwandelt, der in die anzustrebende Weltmusik einzubringen ist. Alles andere ist Faschismus, verzeihen Sie, jetzt muß ich das Wort gebrauchen, ist ultrakonservativ und rückschrittlich. Egal, ob schwarz, gelb oder weiß.

Also, die Last, die Sie zu tragen haben, heißt Wien.

Ja. Aber anders herum, wenn man es in die richtige Beziehung setzt, ist das der Vorzug: Wien.

Wie kann sich Wien und seine Tradition ausprägen im Jazz?

In diesem größeren Zusammenhang ist das Wort Jazz auch kein adäquater Ausdruck mehr, ebensowenig wie das Wort Klassik. Wenn wir diese Termini weiter gebrauchen, sei es jetzt das Wort „Klassik“ oder das Wort „Jazz“, kommen wir auf keinen grünen Zweig, weil die Worte durch ihre bloße Existenz diese Grenzen, die man ja gerade abbauen will, aufrecht erhalten. Daher muß man das Wort „Jazz“ hier außer acht lassen. Man müßte also sagen...

Eine ungeteilte Musik?

Ja, zumindest eine Musik, deren einzelne Teile sich nicht feindlich, einander ausschließend, gegenüberstehen.

Wo stehen sie sich denn feindlich gegenüber? Ich habe manchmal das Gefühl, Sie bauen sich einen Pappkameraden auf, auf den Sie dann schießen. Bekämpfen sich Klassik und Jazz auf Biegen und Brechen? Ist zwischen ihnen ein Krieg ausgebrochen oder ist das gar eine Urfehde?

Nein, sie tun Schlimmeres als sich bekämpfen: sie ignorieren sich. Sie sind noch gar nicht so weit, den Kampf zu eröffnen, der ja letzten Endes zu einer Synthese führen könnte. Sie wissen nichts voneinander.

Ist die Kenntnis des Jazz von der Klassik größer als die der Klassik vom Jazz?

Sie ist wohl auf beiden Seiten gleich minimal. Gleich Null ist übertrieben, aber minimal.

Es gibt doch aber sehr viele, die ohne inneren Widerstand, voller Interesse, Jazz wie Klassik hören.

Da irren sie! Das stimmt nicht. Solche Leute sind rar. Und jetzt muß ich Ihnen - nicht ohne einen gewissen Stolz - sagen: bei mir tun sie's wirklich. Aber bei wem sonst?

Sie sind ja auch der Einzige, von dem sie beides hören können.

Das ist wahr. Aber ich will das nicht als Exklusiv-Recht beanspruchen. Ich mache gar nichts Besonderes, ich mache es halt nur als erster, verstehen Sie? Ich mache, was alle machen werden - früher oder später. Wahrscheinlich später.

Woher wächst Ihnen diese Überzeugung zu? Ich habe mitunter das Gefühl, Sie sind ein Einzelgänger in dieser Beziehung. Sie werden vielleicht ein Einzelgänger bleiben, und ich frage Sie: Was schadet es, wenn diese Entwicklung, auf die Sie bauen, nicht eintritt, wenn die Musik zweispurig weiterläuft.

Zweispurig ist nicht korrekt. Erstens müßte es heißen: vielspurig. Oder mehrspurig. Und zweitens ist das eine sehr gravierende Frage. Ich muß ein bißchen nachdenken ... Ich neige zu der Ansicht, daß die Musik stirbt, wenn sie mehrgleisig weiterläuft. Heute, in Europa, sieht die Situation so aus, daß durch das Sich-Kaprizieren auf die sogenannte weiße oder auch klassische Musik ein Stadium der Sterilität erreicht worden ist, das in der Musikgeschichte einzigartig dasteht. Tatsache ist - und das wird auch gar nicht geleugnet -, daß trotz aller Vielschreiberei die weiße Musik, die sich auf das sogenannte klassische Getto beschränkt, völlig blutleer ist und im Kreise geht. Das ist ein Faktum, es wird von vielen Leuten, die das gut oder auch schlecht finden, erkannt. Eine andere Tatsache, die man sehen muß - ich sehe sie sehr gern, aber die meisten sehen sie ungern - ist, daß die europäische Musik trotz ihrer Subventionen keinen weltweiten Erfolg hat, während die Jazz-Musik ohne Subventionen diesen Erfolg hat. Grob gesprochen, aber es stimmt: die Schwarzen in Amerika haben keine Subventionen bekommen, im Gegenteil. Man hat alles versucht, um zu verhindern, daß ihre Stimme im Weltkonzert gehört wird.

Herr Gulda, wer hat versucht, das zu verhindern?

Ich weiß zum Beispiel, daß Art Tatum, der zweifellos der größte Jazz-Pianist war, der je gelebt hat, in seinem ganzen Leben nie eine Auszeichnung bekommen hat, während irgendwelche weißen Klavierspieler, die nicht ein Zehntel seines Talentes besitzen, mit Auszeichnungen überschüttet wurden.

Herr Gulda, daß gerade Sie von Auszeichnungen reden, der von Auszeichnungen nicht gerade viel hält! Denken Sie an den Beethoven-Ring, den Sie zurückgaben.

Schauen Sie, ich kann mir das leisten. Ich bin ja, was die schwarze Musik betrifft, ein gehätscheltes Kind. Aber das sind die Schwarzen ja keineswegs. Im Gegenteil. Also es bleibt schon dabei, daß eine sterile Musik sich trotz Subventionen nicht durchsetzt, während eine lebendige, fruchtbare Musik sich ohne sie sehr stark durchgesetzt hat. Das sollte einem schon zu denken geben, man will nur nicht denken.

Ich habe immer das Gefühl, daß die Entwicklung des Jazz, die Ausbreitung des Jazz nicht so stark ist, wie Sie sie darstellen. Ich glaube eher, daß der Jazz, wie Sie ihn pflegen oder pflegten, denn Sie sind ja auch mittlerweile schon abgewandert, eigentlich zerquetscht wird zwischen dem, was wir hier noch einmal Klassik nennen wollen und dem Pop; daß auch die Tradition des Jazz „klassisch", sektiererisch beinahe, geworden ist, und zwar in dem Augenblick, in dem er die Philharmonien zu entern versuchte. Der große Slogan des Jazz war doch einst: „Jazz at the Philharmonic".

Na ja, das war die Erfindung eines sehr erfolgreichen Managers. Man sollte sie nicht überbewerten. Denn letzten Endes ist es ja gleichgültig, ob in einem verräucherten Keller oder in der schönen Philharmonie gespielt wird, solange die Musik in Ordnung ist.

Selbstverständlich. Aber es ist doch ein Unterschied, ob man vor Zehntausenden musiziert, wie der Pop es kann, der ja nun wirklich die Phalanx des Zeitgenössischen, des Aktuellen bildet – oder dessen zumindest, was die Jugend bewegt. Freilich: das tut „Anima" auch. Wie sind Sie zu dieser Gruppe gekommen?

Das hängt stark mit den zuletzt erwähnten Entwicklungen zusammen. Bevor ich darauf zu sprechen komme, möchte ich nur noch sagen, daß es heute sehr aufregende Gruppen und Gruppierungen gibt, denen das Wort Jazz, obwohl sie aus dieser Tradition stammen, ebenso hundertprozentig suspekt geworden ist wie Ihnen und mir; die diese drohende Gettogefahr sehr bewußt erleben und sie kraftvoll und produktiv durchbrechen. Jedenfalls scheint mir das Entscheidende, daß diese Musik die Fähigkeit besitzt, sich von innen heraus revolutionär – ja, in diesem Falle stimmt das Wort – zu erneuern. Jedesmal, wenn Verkalkung eintritt, gibt's einen großen Krach, und das ist gut so. Und um auf das zurückzukommen, was Sie mich fragten: in meinem Fall bewegt sich diese Entwicklung in Richtung freie Improvisation. Denn Improvisation wird in dem Maße unfrei, als sie sich an vorgefertigte Schemata anlehnt. Die Im-

provisation, überhaupt die Musik, sollte eigentlich immer frei sein. Sie gestatten mir hier eine Abschweifung, doch sie führt zum Thema Improvisation zurück. Sie erinnern sich der Spielstraße bei den Münchener Olympischen Spielen. Ich war nicht dort, denn ich gehe fast nirgends hin. Aber dann ereignete sich diese schreckliche politische Geschichte, diese entsetzliche Tragödie, dieses Verbrechen, und die Spielstraße wurde daraufhin geschlossen. Und da hat es sich gezeigt, daß kein einziger der dort vertretenen Künstler dieses Namens würdig war, denn sonst müßte es ihnen doch ein leichtes gewesen sein, die ganze Spielstraße in spontaner improvisatorischer Weise sofort diesem Ereignis anzupassen. Dazu war aber kein einziger imstande; keiner erwies sich als Künstler, aus Mangel an Improvisationsgabe. Außerdem kann man noch hinzufügen, daß einer der von der Schließung Betroffenen hinterher den weisen Ausspruch tat: „Aha, wir waren nur ein Alibi. Jetzt sieht man's. Die Spielstraße wird geschlossen, doch die Olympiade geht weiter." Darauf hätte man antworten müssen: „Wenn du erst jetzt merkst, daß du ein Alibi warst, dann tust du mir leid."
Aber zurück zur Musik. Ich habe vor nicht allzu langer Zeit ein Schallplatten-Doppelalbum veröffentlicht, das unter dem Titel läuft „The Long Road To Freedom". Darin habe ich versucht, meinen Weg nachzuzeichnen: wie sich meine Musik, ausgehend von kleinen Übungsstückchen, aus Erstarrungstendenzen immer wieder löst, bis sie bei der freien Improvisation, die dann die letzte Seite der Platten einnimmt, ankommt. Und dieser Weg, der ja mit dem aller Zeitgenossen koinzidiert, traf sich in meinem Fall, gerade zu diesem wichtigen Zeitpunkt, mit der Musik des Ehepaares Paul und Limpe Fuchs. Aus der Tatsache, daß die „Füchse" selbständig und für sich diesen Weg gefunden hatten – wie alle anderen ihn früher oder später auch finden werden –, auf dem ich mich bereits befand, ist dann die Gruppe „Anima" entstanden. Zeichnete „The Long Road To Freedom" (seine Kernstücke sind inzwischen in die umfassendere Sammlung „Midlife Harvest" eingegangen), die Schwierigkeiten und die inneren Kämpfe um meinen musikalischen Lebensraum nach, so stand am Ende, das wieder ein Anfang ist, die Erkenntnis, daß nach Eroberung dieses Raumes das Leben eigentlich erst beginnt. Dann geht's ja erst richtig los – und für mich ging es neu los mit „Anima", mit dem also, was man als demokratische Musik bezeichnen könnte. Wir gehen aufs Podium und machen nichts vorher aus. Es gibt keine vorgefertigten Modelle oder irgendwelche Themen oder Absprachen. Wir spielen, wie wir glauben, in dieser Sekunde spielen zu müssen, und die Musik ergibt sich aus dem Auf-Einander-Eingehen. Man hört sich und den anderen zu: Aha, der macht das, jetzt mach ich dies, das paßt dazu oder auch nicht.

Würden Sie sich als Gefühlsmusiker bezeichnen?

Was soll ich sagen? Eigentlich schon! Im Grunde ist jeder Musiker ein Gefühlsmusiker.

Es gibt doch aber sehr viele, vor allem neuerdings, die geben sich konstruktiv-kühl bis ans Herz hinan. Sie vermauern geradezu die Zugänge zur Seele. Das ist vielleicht ein modischer Trend – und die Musik, ob Pop, Jazz, Soul oder Anima, ist ja vielleicht auch nichts anderes als Ausdruck eines modischen Trends.

Na ja, modischer Trend oder nicht. Mein Gott, das ist nur eine Frage, wie höflich man etwas ausdrückt. Man kann für dasselbe Phänomen zwei Worte gebrauchen: auf der einen Seite das unhöfliche Wort Mode, auf der anderen das höfliche Wort Stil. Mir ist es auch gleichgültig, ob man es Mode oder Stil nennt. Es gab halt die Barock-Mode, und dann gab es die klassische Mode, die romantische Mode. Normalerweise sagt man dazu Stil. Die allgemeinen Probleme und meine vorläufigen Antworten auf diese Probleme haben mich jedenfalls zur Anima-Musik geführt. Was an ihr auffällig ist, das sind die in ihr schlummernden Parallelen zur gesellschaftlichen Entwicklung: daß die Menschen langsam draufkommen (und wir Musiker mit ihnen, nur etwas schneller), daß ein System zum Musizieren und analog dazu zum Zusammenleben wahrscheinlich entbehrlich wird. Ich also bin, zumindest musikalisch, dieser Überzeugung. Ob das politische Rückwirkungen hat, ist nicht mehr unsere Sache. Das sollen die Herren Politiker machen. Wir machen es halt auf unsere Weise. Wir wissen aus musikalischen Erfahrungen, daß wir uns zusammensetzen, sei es daheim, sei es coram publico (ein kleiner, nicht sehr wesentlicher Unterschied), und einfach spielen können. Den roten Faden in dieser Musik bildet die Anima. Man weiß, wie fühlt sich der Partner jetzt. Der eine schlägt die Trommel. Man registriert: das ist eher schnell, das ist eher hoch, das ist ziemlich tief. Hier paß' ich dazu, dort muß ich mich raushalten, das gefällt mir nicht, da spiel ich gegen an, ach, das ist fad, ich hör auf. So entwickelt sich Musik.

Wie lange dauert ein Konzert dieser Art?

Die Konzerte sind von normaler Länge, etwa zwei Stunden, mit oder ohne Pause; meist mit Pause, weil wir auch Pause machen wollen und außerdem das Publikum daran gewöhnt ist.

Gibt es einzelne Stücke, Neuanfänge, oder zieht sich eine Nummer über die ganze erste Hälfte eines Abends hin?

Die beiden Hälften des Abends korrespondieren miteinander. Der zweite Teil hängt stark davon ab, wie der erste Teil war. Das hängt also schon zusammen, und es ergeben sich durch die Anima manchmal gewisse Abschnitte. Wenn beispielsweise eine gemeinsame Sache gut gelungen ist, dann hat man das Bedürfnis, sich darüber zu freuen und hört komischerweise sehr oft zugleich auf.

Es läuft aber meist auf ein Langstrecken-Musizieren hinaus?

Nicht immer. Manchmal gibt es auch rapide Neuanfänge. Manchmal erstreckt sich eine Improvisation vom Anfang bis zum Schluß nur über zwei, drei oder fünf Minuten. Dann ist das Ende erreicht durch das Gefühl: das haben wir ausgespielt. Wir haben uns gemeinsam aufgeregt, und jetzt regen wir uns gemeinsam wieder ab. Manchmal begreifen das auch nicht alle von uns. Dann spielt der Trommler oder ich oder Paul Fuchs allein weiter. Das geht alles nach Lust und Laune. Und trotzdem ist es kein Wirrwarr; zumindest nicht, wenn es gut ist. Wenn es schlecht ist, ist es schon ein Wirrwarr. Aber das versteht sich von selbst. Die Anima lebt ja schließlich aus seelischer Bewegung, sie ist Bewegung. Es gibt also gewisse Steigerungen, und dann gibt es wieder Schwächezustände oder Ermüdungen. Das gibt es alles, und das wird ohne Rücksicht auf Verluste – hier paßt dieses Klischee wirklich – abgeliefert. Wieso hören wir auf? Aus dem natürlichen Grund, weil wir müde sind. Leer. Man ist halt leer. In dem, was man gemeinhin als Kunst bezeichnet, werden die Leerläufe sorgfältig vermieden. Die Höhepunkte werden in kristalliner Form fortgeführt. Und wir empfinden, bei dieser Art von Musik ist es nötig. Wir aber geben zu, daß wir manchmal müde sind. Wir zeigen – und wahrscheinlich besser als die herkömmliche Musik – welcher Auftriebe und welcher Erregungen die Kollektiv-Seele fähig ist, wenn man sie nicht einzwängt in ein Regelkorsett.

Läßt sich denn Musik überhaupt noch unterrichten, diese Musik, die sie visieren?

Wenn ich Anima unterrichten würde (ich tue es wohlweislich nicht!), würde ich eigentlich nicht Musik im herkömmlichen Sinne lehren, sondern Menschlichkeit. Aber das klingt wieder so missionarisch. Ich würde den Schülern beizubringen versuchen, daß sie sich vor sich selbst nicht zu schämen haben. Jeder soll sagen, wie es ihm ums Herz ist: jetzt hab ich einen Zorn, jetzt bin ich traurig, jetzt will ich mich steigern, jetzt möchte ich gern mit einer Frau ins Bett gehen, jetzt will ich aufhören, jetzt will ich essen, jetzt will ich lachen. Das wäre also keine Musikerziehung, sondern eine Erziehung der Menschen dazu, sich ihrer wahren Bedürfnisse bewußt zu werden. Was will der Schüler? Darauf kommt es an. Er muß ja nicht eine Beethoven-Sonate spielen. Das glaubt er nur. Aber weil wir nun von Anima reden, versuche ich Ihnen zu erklären: eine Unterrichtung in dieser Art Musik müßte sich weniger als Musikunterricht und mehr als eine Ermutigung des Schülers zu sich selbst abwickeln. „Spiel jetzt was!" - „Ja, aber was soll ich denn spielen?", wird er dumm fragen. Sehen Sie, und das ist die Crux.

Spielen, nun gut, aber worauf und womit?

Mit irgendwas. Das ist egal. Mit einem Kochlöffel oder auf einem Klavier oder auf einer Trommel. Anima ist schließlich eine Musik, auf die der herkömmliche Begriff Kunst nicht zutrifft.

Sie aber spielen Klavier in der „Anima"?

Ich spiele Klavier, Elektroklavier, ich singe auch, ich spiele verschiedene Flöten, Blockflöten oder Primitiv-Flöten. Ich trommle auch mal, wenn es sein muß: auf den Saiten oder auf dem Holz des Klaviers, auf irgend etwas, das herumliegt, oder direkt aufs Mikrophon. Und die beiden Füchse gebrauchen überwiegend, aber nicht ausschließlich, selbstgebaute Instrumente. Also zum Beispiel Limpe Fuchs, die Frau, hat sich von ihrem Mann die Trommeln zum größten Teil selbst bauen lassen, benützt aber - ich will damit sagen, daß wir gar nicht dogmatisch sind in dieser Beziehung - eine um teures Geld gekaufte normale Pauke, weil sie der Meinung ist, daß die kommerziell hergestellte Pauke besser klingt als die selbstgemachte. Sie spielte früher eine selbstgebaute, aber die hatte Mängel, und da hat sie sich eben eine gekauft. Keiner von uns ist dogmatisch, aber der Trend geht dahin, daß man praktisch mit allem, was es gibt, musizieren kann.

Mit dem herkömmlichen Konzertrepertoire eines Pianisten kann man Abend für Abend auftreten, wenn man will, Lust und Verträge hat. Lassen sich Konzerte mit einer Formation wie „Anima" auch jeden Abend durchführen und im voraus ankündigen?

Ja, das kann man schon. Wir haben zum Beispiel in Salzburg gespielt, an dreißig Abenden hintereinander, und manchmal sogar auch am Nachmittag, wenn wir Lust dazu hatten. Wenn man dreißig klassische oder auch Jazz-Konzerte hintereinander geben würde, so wäre das doch sehr anstrengend. Damit will ich nicht sagen, daß die Anima-Musik nicht anstrengend ist. Sie ist auch anstrengend, aber auf eine andere Weise: in einer natürlichen. Überhaupt ist die Anima-Musik nicht Kunst, sondern eher Natur. Und auch „Musik" nennen wir sie eigentlich nur in Ermangelung eines besseren Wortes. Wir produzieren akustische Äußerungen, in denen Sensibilität eine große Rolle spielt. Insofern ist, was wir produzieren, eben Musik. Wenn der Begriff Kunst die wünschenswerte Ausweitung erfahren würde, dann könnte man sich - wenn auch widerstrebend - damit abfinden, Anima-Musik Kunst zu nennen. Aber lieber ist uns - und auch mir - zur Zeit noch die verbale Abgrenzung zur Kunst.

Unter Kunst schließlich verstehe ich – und versteht jeder andere – etwas Abgeschlossenes, etwas, was sich von der Nicht-Kunst durch ein entscheidendes Kriterium, die Form, unterscheidet. In dieser Beziehung aber ist die Anima in der Musik keine Kunst, weil die Grenzen zwischen dem sogenannten Leben und der sogenannten Kunst in unserem Musizieren verfließen. Ein klassisches oder ein Jazz-Konzert gehört, von der Anima-Warte gesehen, beinahe schon in dieselbe Kategorie. In ihr müssen sie etwas leisten. Sie müssen gut sein, sie müssen etwas abliefern, sie müssen besser sein als alle anderen. Sie müssen eine Leistung erbringen. Das heißt nicht, daß sie bei der Anima-Musik nichts leisteten. Aber zumindest nicht im Sinne eines Wettbewerbs. Es ist keine Olympiade, sondern sie leisten es eigentlich, weil sie den Mitspielern und auch den Leuten, die zuhören oder sogar mitspielen, a Freid mach'n woll'n. Dieses Prinzip Freude ist zwar auch in der Klassik und im Jazz vorhanden, aber es wird doch stark getrübt durch das Leistungs- und Konkurrenzdenken, durch – ich muß mich jetzt hart ausdrücken – unmenschliche Erwägungen. Die Anima-Musik dagegen ist nur anstrengend im guten Sinne, wie man sich eben mal anstrengt, wenn man zum Beispiel der Frau eine Freude machen will, sei es auf der Bühne oder sei es im Bett. Das ist dasselbe. Anima ist der Triumph der Zwanglosigkeit.

Aber auch die Anima-Konzerte fangen abends um acht Uhr an. Das heißt, sie müssen also pünktlich bereit sein, um acht Uhr Ihr Inneres musikalisch nach außen zu kehren. Wo bleibt da die Zwanglosigkeit?

Sie haben vollkommen recht. Das ist eine Schwierigkeit, derer wir uns durchaus bewußt sind. Ich weiß nicht, war es der neunte oder fünfzehnte Abend der Salzburger Serie, da merkten wir, daß wir eigentlich keine Lust hatten zu spielen, und da haben wir gesagt: „Gut, geh'n wir halt aufs Podium, ob wir oben oder unten sitzen ist schließlich egal, und dann spielen wir aber nicht. Wir werden ja sehen, was passiert." Gesagt, getan. Wir saßen dort und haben so herumgefummelt, gestimmt, eine Zigarette geraucht und abgewartet. Selbstverständlich kamen nach fünf oder zehn Minuten die ersten Rufe aus dem Publikum: „Also, was is'? Wir woll'n Musik hör'n!" Daraus entspann sich eine Diskussion mit dem Publikum, mit welchem Recht es von uns verlange, daß wir jetzt Musik machten. Schließlich hatten wir ja keine Gage bekommen, sondern nur eine Aufwandsentschädigung; und das Publikum hatte auch keinen Eintritt bezahlt. Es entspann sich eine sehr interessante Diskussion, und alle gingen dann teils skandalisiert, teils aber sehr zufrieden nach Hause, weil wir sie einfach durch diese Art Demonstration und teilweise auch verbal am Schluß der Diskussion dazu gebracht haben zu akzeptieren, daß diese Diskussion das Konzert war. Damit war der Fall erledigt. Man könnte vielleicht zusammenfassend sagen, daß das, was an Organisation und Vorbedacht in der Anima-Musik absichtlich fehlt, sich auf die technische Seite des Konzertablaufs verlagert hat, den großen Aufwand an Elektronik. Das sind ja auch geplante, organisierte Sachen. Es ist notwendig, daß wir Instrumente haben, die nach einem bestimmten Plan gebaut sind, und eine Elektronik, die nach einem bestimmten Plan funktioniert. Aber in der Musik selbst steckt kein Plan. Übrigens: trotz des Aufgebots an Elektronik spielen wir am liebsten leise, weil wir ja mehr für uns spielen. Wir hören uns selbst, wir sind ja nicht taub. Wenn aber mehr Zuhörer da sind, dann spielen wir halt lauter, damit die das auch hören können. Bei uns ist es so, daß wir die Elektronik eigentlich lieber für sonst akustisch nicht darstellbare Feinheiten nützen als zur Erzeugung brutaler Lautstärken. Das können wir auch. Watt sind genügend vorhanden. Aber man kann ja mit der Elektronik auch fein spielen und muß nicht grob spielen. In der Grobheit sehe ich immer einen diktatorischen Zug (terroristisch ist wohl ein bißchen zu scharf gesagt), zumindest aber einen gefährlichen Trend. Wenn das Publikum mit stumpfsinnigem Rhythmus in höchster Lautstärke zwei Stunden lang bombardiert wird, dann scheint mir das als Vehikel zur Befreiung des Menschen eher ungeeignet, obwohl es so tut und vor allem so schreit.

Wieweit lassen sich denn überhaupt noch Kriterien finden für das, was Sie mit der Anima-Gruppe vorführen?

Kriterien im herkömmlichen Sinne eigentlich nicht. Sie können nicht sagen: der kann's schneller und lauter und besser. Aber wenn es anspricht, wenn es Sensibilität entwickelt, dann ist es eben besser als etwas, das unsensibel bleibt.

Wenn Sie nach dem Konzert mit Ihren Mitspielern reden, sind sie sich da stets einig, ob es ein gutes, ein schlechtes oder ein mittelmäßiges Konzert war?

Fast immer.

Es kommt also nur selten vor, daß Sie das Konzert schlecht fanden und die beiden anderen gut?

Das kommt fast nie vor. Wir sind uns immer ziemlich einig. Dann heißt es: „Na, heute ist es gelaufen". Oder: „Im zweiten Teil, da ist es zwanzig Minuten lang gar nicht gelaufen." Das Höchste, was man darauf antwortet, ist: „Warum hast Du dann nicht gleich aufgehört?"

Sie zu dritt, sind also die einzigen zulässigen Kritiker der Veranstaltung?

Zulässig würde ich nicht sagen, aber sicherlich die verläßlichsten. Schauen Sie, wenn ich allein spiele, als Solist, dann weiß ich zwar auch, wie es war, aber nicht mit höchster Sicherheit. Etwa bei meinen eigenen Konzerten. Oder bei

Schallplattenaufnahmen. Da höre ich das manchmal vom Band und merke, ich hatte geglaubt, es war gut, es ist in Wirklichkeit aber schlecht. Und umgekehrt. Wenn sie aber in der Gruppe musizieren, dann entsteht ein musikalischer Consensus. Der ist weniger fehlbar. Auf Englisch sagt man dann: „It feels good". Und das heißt bei jeder Musik, besonders aber bei dieser: dann ist sie auch gut. „When it feels good, it is good." So etwa kann man das sagen. Eine ziemlich weit verbreitete Reaktion ist natürlich, daß die Zuhörer ihre Kritik in die schlichten Worte kleiden: „Na ja, die sind eben verrückt!" Oft klingt aber auch in negativen Berichten die Sorge um die musikalische Form mit - und das verstehe ich wiederum sehr gut. Zum Beispiel, daß der Kritiker sagt: „Das war ja alles gut und schön, aber ich kann eigentlich gar nicht beurteilen: war das jetzt richtig? Ich habe keine Anhaltspunkte. Ich habe auch keine Vergleichspunkte. Ich kann nicht nachweisen: da hat der falsch gespielt!" Dieser Kritiker fühlt sich dann quasi als Kriminalinspektor. Das ist eine Haltung, die man sehr oft bei Kritikern trifft. Er ist der Zensurenverteiler. Und er versucht dann, diese Mentalität auf die freie Musik auszudehnen und ärgert sich darüber, daß es nicht gelingen will - einfach wegen der Beschaffenheit dieser Musik, die sich seinen kriminalistischen kritischen Praktiken per definitionem entzieht.

Wie lebendig ist eigentlich das improvisatorische Moment im Jazz im Vergleich zur Klassik und zur Anima-Musik?

Die kleinen Freiheiten, die man bei der Klassik Improvisation nennen könnte und die jeder Interpret hat, schwanken zwischen null und zehn Prozent. Sie sind also gering. Die Jazz-Musik nimmt etwa die breite Mitte ein, sie ist zu zehn bis achtzig Prozent improvisatorisch. Die Anima-Musik ist aber in dieser Beziehung ganz radikal.

Sind Sie mit der Anima-Gruppe speziell nach Salzburg gekommen, um das Festival zu brüskieren? Was zog Sie ausgerechnet nach Salzburg?

Brüskieren ist falsch gesagt. Wir gingen nach Salzburg, weil dort viele, vor allem junge Leute herumlungern, denen die Festspiele in ihrer jetzigen Form nichts sagen. Ganz abgesehen davon: selbst wenn sie ihnen etwas zu sagen hätten, könnten die jungen Leute die Eintrittspreise ja gar nicht bezahlen.

Warum lungern sie denn gerade zur penibelsten Zeit, zur Festspielzeit, in Salzburg und Umgebung herum?

Das gefällt ihnen halt. Viele Leute sind da, und außerdem ist dort eine Kunstakademie auf der Hohensalzburg, wo der Kokoschka gemalt hat, es gibt halt eine Menge Studenten, und dann ist auch eine Masse Wandervögel da, die einfach durch die Lande ziehen. Wo viele Leute sind, kommen wieder viele Leute dazu. Keineswegs also bilden die Salzburger Festspiele, so wie sie sind, den Anziehungspunkt für diese jungen Leute, sondern es ist dort ganz schön, die Sonne scheint, manchmal regnet es auch, aber meist scheint die Sonne, die Salzach strömt lieblich, die Gegend ist angenehm, das Essen ist gut ... Und die sind dort und machen nichts. Und jetzt hat man sie halt ein bißchen aktiviert.

Ziehen Sie denn nun mit Ihrer Musik diesem Publikum hinterher oder zieht das Publikum auf Sie zu?

Das geht wohl Hand in Hand. Ich kannte die Situation der jungen Leute dort, und dann hat sich unser Musizieren auch sehr schnell rumgesprochen. Die Abende waren sehr gut besucht; ob die nun an der Salzach sitzen oder bei uns – an der Salzach machen die Vögel Musik und der Fluß, ein paar Meter weiter machen wir sie – da ist eh' nicht viel Unterschied.

Hat die Anima-Musik ein didaktisches oder pädagogisches Ziel?

Eigentlich machen wir das zu unserem eigenen Spaß. Das ist der Beweggrund Nummer Eins. Es macht uns Spaß, diese Musik zu spielen, und wenn sie anderen Leuten auch Spaß macht, dann ist es gut. Aber das ist mehr sekundär. Die stehen uns ja ferner. Wir stehen uns näher. Wir machen einander Spaß, in der Gruppe. Den Zuhörern macht es halt auch Spaß. Aber wir gehen nicht hin, um Spaß zu predigen und Ernst auch nicht.

Gehen Sie eigentlich des öfteren in Konzerte von anderen?

Fast nie. Einmal im Jahr ungefähr. Weil mir die passive Rolle des Zuhörers widerstrebt. Ich setze mich auch immer in einer Loge in die letzte Reihe, damit ich unauffällig weggehen kann. Dagegen würde ich ganz gern in ein Anima-Konzert von anderen gehen, wenn ich weiß, ich kann ein beliebiges Instrument mitbringen oder dort irgendwie aufgabeln und in den musikalischen Ablauf eingreifen. Bei einer Musik, die das Publikum ermutigt mitzumachen oder einzusteigen, ist der Mensch, dem es nicht gefällt, der sich ärgert oder langweilt, ja nicht zur Passivität verurteilt. Er kann den Lauf der Dinge durch sein Eingreifen in die Musik verändern. Sitze ich beispielsweise in einem Anima-Konzert und die spielen mir zu leise und ich höre nicht recht, dann werde ich ganz laut mit irgend etwas zu spielen anfangen, um mein Bedürfnis nach größerer Lautstärke auf diese Weise zu artikulieren.

Was passiert denn nun aber, wenn sich zwei oder drei so stark aktiviert fühlen, daß sie plötzlich auf das Podium steigen, um Anima mitzuspielen?

Das war kürzlich in einem Konzert nach der Pause ausgiebig der Fall. Plötzlich, wie aus dem Nichts auftauchend, stand ein Trompeter mit seinem Instrument auf der Bühne und blies nach Kräften hinein. Der hat mir zunächst einen guten Eindruck gemacht, und ich habe mit ihm etwa fünf Minuten lang duettiert, und das war ganz lustig. Dann habe ich gesagt: „Du scheinst ein Fan von mir zu sein. Jetzt geh' mal rüber zu den Füchsen und spiel weniger mit mir und mehr mit den anderen." Da ging es etwas schwerer, weil er sich mit denen nicht so gut verstand. Es war ein Jazzkeller-Mensch, der mich kannte, und irgendwie kam er auch mir bekannt vor. Dann brach im ganzen Saal plötzlich ein großes Tohuwabohu aus durch Leute, die kein Instrument mithatten und nun hauptsächlich Armlehnen und Schlüsselbunde zu Instrumenten umfunktionierten. Es begann zu unserer Freude ein Höllenspektakel im Saal. Mit einem Schlag stand ein Mädchen auf der Bühne, das gleich Limpe von ihrem Schlagzeug vertrieb, was uns weniger recht war - weniger aus Sorge um die Musik als aus Angst um das Instrument. Dann kletterte ein Gitarrist aufs Podium, und zwar nicht nur mit der Gitarre, denn die hätte bei unserer Elektronik zu wenig Klangvolumen gehabt. Er hatte seinen Verstärker dabei und hat dann auch feste mitgezupft. Nun wird man natürlich fragen: wie ging es denn nun mit den Mitspielenden? Und da muß man zunächst konstatieren, daß die eigene Anima dieser Mitkombattanten in ihren Produktionen ganz kompromißlos zum Vorschein kommt. Das ist manchmal recht unerfreulich. Wir sind aber nicht gesonnen, das Mitspielen deswegen zu unterbinden. Wir sind eher der Meinung, man soll alle, die spielen wollen, ruhig auch mal spielen lassen, auch wenn es Quatsch ist, was sie spielen, unsensibel, diktatorisch, zu laut, zu leise oder ganz einfach schlecht. Ich könnte auch andere Beispiele nennen. Sehr schnell beginnt sich ja beim Mitspielen die Spreu vom Weizen zu sondern. Wir machen es im allgemeinen so, daß wir Mitspieler, die zu uns aufs Podium kommen, aber in irgend einer Weise nicht gut spielen, zehn Minuten lang allein spielen lassen, ohne uns, bis es ihnen dann selbst zu dumm wird. Sobald sie ihren infantilen Drang zum Stören befriedigt haben, merken sie, daß sie sich lächerlich machen. Dann hören sie entweder auf oder versuchen, ernsthaft mitzuspielen. Es ist schon etwas Edukatives dabei. Es kommt nicht nur auf das Mitspielen an, es kommt dann auch an auf das Wie.

Sie sagten, daß es meist Musiker sind, die auf die Bühne kommen - oder solche zumindest, die sich für Musiker halten?

Aber es kommen auch normale Zuhörer, die nur mit dem Schlüsselbund bewaffnet sind. Es heißt ja seit langem, daß jeder Mensch irgendwie Musiker sei, und zu dieser Ansicht beflügelt natürlich ganz besonders die Anima-Musik. Dabei stellt sich nun leider sehr oft heraus, daß der sich zum Musizieren geboren wähnende Mensch in Wirklichkeit ein schlechter Musiker ist.

Aber das ist ja schließlich keine Todsünde. Woran aber erkennt man in diesem Falle den guten Musiker? An seiner mehr oder weniger ausgebildeten musikalischen Sensibilität. Daran, daß er nicht egoistisch spielt, sei es mit dem Schlüsselbund, am Klavier, am Saxophon. Oder mit dem Kochlöffel. Das ist ganz gleichgültig. Wir haben aber gerade jetzt im Konzert das unangenehme Erlebnis gehabt, daß wir drei, also die Gruppe „Anima", während des Spiels die musikalische Sprache fünfmal veränderten, ohne daß die am Schlagzeug einsteigende Dame das auch nur bemerkt hätte. Sie hat also unsensibel musiziert. Es ist aber sehr gut für sie, wenigstens darauf gestoßen zu werden, daß sie eigentlich Unsinn macht, wenn sie mit uns, ihren Mitspielern, nicht übereinstimmt. Anima ist also im Grunde doch eine Erziehung: zum Hör-doch-mal-zu, rede doch mit den andern, du bist ja nicht allein auf der Welt! Das ist schon sehr wichtig. Die Gefahr bei der Mitspiel-Geschichte ist freilich, daß sie leicht zu Orff ausarten kann. Also zu Schule, zu „nun mach doch mal" oder „ach, wie lieb sind doch die Kinder". Auch das ist gut gemeint, sicherlich ... aber wenn man sagt „gut gemeint", dann ist das auch nicht unbedingt ein Kompliment. Denn, genauer besehen, ist Anima-Musik gerade eine Art Revolte gegen den Leistungszwang.

Nun gut - Sie selbst sind zwar aus dem Leistungszwang teilweise ausgeschieden. Alles, was Sie tun, bewegt sich jedoch auf der ungeheuren, unerschütterlichen Grundlage einer einst erbrachten Leistung, die seitdem - wiederum eine Leistung - durchaus nicht gebröckelt ist.

Richtig. Ich glaube, daß es nicht darauf ankommt, quasi die Geschichte neu anzufangen bei der Stunde Null. Das halte ich für falsch. Und ich muß das sehr deutlich sagen, weil viele Leute das leider versuchen. Es kommt darauf an, das Gewesene mit dem Gegenwärtigen und Zukünftigen in die richtige Beziehung zu setzen. Mehr verlangt man gar nicht. Es ist, meiner Meinung nach, an keinem Punkt der Geschichte notwendig und auch gar nicht möglich zu sagen: „So, also jetzt langt's uns, jetzt fangen wir etwas ganz anderes an, ein neues Leben. (Was glauben Sie, wie oft ich schon ein neues Leben angefangen habe.) So ähnlich aber kommt mir die Argumentation der jugendlichen Hitzköpfe vor, die sagen: „Jetzt geht's los. Jetzt ist Stunde Null". Ich würde immer darauf bestehen, das Traditionelle nicht zu vernachlässigen, es zu studieren und zu beobachten als ein vorhergegangenes, aber notwendiges Stadium. Nun könnten Sie mir natürlich dennoch das Schreckensbild einer löffelklappernden Musikwelt ausmalen, in der alle nur noch mit Löffeln klappern vor lauter Anima, und dann sagte einer, sehnsüchtig vielleicht: „Ach, wenn ich nur den Gulda endlich wieder normal Klavier spielen hören könnte!"

Dieser Seufzer ist aber doch durchaus berechtigt. Ihnen also macht es ungeheuren Spaß, Anima zu spielen. Und vielen anderen macht es denselben ungeheuren Spaß, Ihren traditionellen Konzerten zuzuhören. Sie langweilen sich überhaupt nicht dabei. Es ist ihnen eine große Freude. Nun können Sie freilich sagen, die sollten mich erst einmal Löffelklappern hören, dann wäre der Spaß noch größer. Die Antwort darauf können Sie sich vorstellen. Sie hieße: „Aber Herr Gulda, gestatten Sie bitte, schreiben Sie uns doch nicht vor, was uns Spaß zu machen hat."

Das hört sich schon recht überzeugend an. Bedenken Sie aber: da hat es Generationen von Frauen gegeben, die gesagt haben: „Uns macht es den größten Spaß, wenn wir ruhig liegen". Dann aber hat es sich doch im Laufe der Zeiten herausgestellt, daß es ihnen doch noch größeren Spaß macht, wenn sie nicht ruhig sind. So ähnlich kommt mir das vor.

Nun ist ja auch ein Publikum denkbar, das zu Gulda auf dem Podium aufschaut und sich sagt: „Wir würden gern auch so gut Klavier spielen können wie er. Wir würden sogar unser Auto verkaufen und einen Flügel anschaffen, wenn uns ein ähnliches Können erreichbar wäre. Doch nun ist es zu spät, dieser Zugang zur Musik ist uns vermauert. Was uns bleibt, ist zuzuhören. Wir haben immer noch mehr Freude daran, Gulda phänomenal spielen zu hören als selbst herumzustümpern.

Da kann man natürlich einhaken und sagen: das ist gerade das historisch gewordene, zum Abbau verurteilte Leistungsprinzip. Anstatt sich zu soufflieren, so gut wie Gulda würde man doch nicht Klavier spielen können, könnte man darin Ermutigung finden, daß man immerhin genauso gut wie er mit Löffeln musizieren kann oder mit dem Schlüsselbund.

Es gibt ja noch eine Möglichkeit: Sie geben einfach einen Beethoven-Abend und spielen so schlecht, daß sich alle Zuhörer ermutigt fühlen und sich sagen: So gut, wie Gulda jetzt, spielen wir auch.

Das wäre oberflächlich. Ich weiß, Sie meinen das nur als Spaß. Musik, die zu ihrer Interpretation eines Meisters und als Zuhörer des passiven Konsumenten bedarf, soll man nicht künstlich auf eine Pseudo-Modernität trimmen, für die sie keinen Ansatz bietet. Aber daß Klavierlöwen ein bißchen vom hohen Roß hinunterklettern, und sei es, um wie Gulda mit Löffeln zu spielen, statt auf dem Klavier, das halte ich schon für sehr wünschenswert.

Im Hinunterklettern von hohen Rössern sind Sie inzwischen ja auch Virtuose. Drückt sich das auch in Ihrem Einfluß auf die Ossiacher Festspiele aus? Was ist eigentlich der Motor dieser Veranstaltungen und wie kamen sie gerade nach Ossiach?

Ossiach ist - oder war, muß ich sagen - ein ganz kleiner Ort in Kärnten, in dem einige Gemeinderäte vor einigen Jahren den lichtvollen Beschluß faßten, sich an der allgemein grassierenden Festivalitis zu beteiligen, und zwar im Interesse des Fremdenverkehrs. Kärnten sollte als Touristenmagnet aufgewertet werden. Das ist ja an sich sehr löblich. Dann haben sie alle möglichen Connaissancen mobilisiert, um Künstler mit attraktiven Namen als Mitwirkende zu gewinnen, diese und jene und darunter auch mich. Ich habe mir gedacht: warum eigentlich nicht? Warum sollte man kein Festival gründen? Das macht schließlich jeder. Was dabei herauskam, war natürlich ein Festival, das auch ein bißchen meinen Ideen entsprochen hat. Es gab die üblichen Reibereien, aber kritisch wurde es 1971, als Ossiach, dieser fünfhundert Seelen zählende Ort, aus Anlaß des Festivals schlagartig von viertausend langhaarigen Jugendlichen ohne nennenswerte Zahlungsfähigkeit überfallen wurde. Das war ziemlich unangenehm. Ich bin nämlich nicht gerade glücklich, wenn ich in ein Ossiacher Gasthaus gehe, in dem die Einheimischen hocken, und die Leute sagen zu mir, wenn ich reinkomme: „Gulda, du Arsch!" Ich, jedenfalls, mag das nicht. Jedenfalls führten die Querelen - wie nicht anders zu erwarten - dazu, daß dem Festival für 1972 das Gastrecht aufgekündigt wurde. Außerdem gab es interne Auseinandersetzungen. Kurz, ich zog mich von den Veranstaltungen zurück. Aber auch die Veranstalter blieben hart. Aus Ossiach hinausgeflogen, übersiedelten sie in ein anderes Nest, namens Viktring, bei Klagenfurt, wo sie dasselbe in alter Frische, ohne Gulda, aber mit bemerkenswerter Energie, weiterführten. Und das war mir sehr recht: die Durchschlagskraft der Idee, die hinter den Ossiacher Festspielen steht, wurde glänzend bewiesen, und es stellte sich heraus in aller Öffentlichkeit, daß diese Ideen kein Privatvergnügen von Herrn Gulda sind, sondern Hand und Fuß haben - und dies auch ohne mich.

Was ist das für eine Idee. Was ist das für ein Genre von Festival? Was macht man dort?

Da macht man alles. Das ist die Idee. Da wird alles geboten: Klassik, Exotik, Folklore, Pop, Jazz, Elektronik - und zwar für das gleiche Publikum. Nebenher laufen Seminare und Diskussionen. Es ist halt sehr erfreulich, finde ich, wenn ein Franzose mit einem Inder redet - über Musik und nicht über den Tourismus oder sonst etwas. Alle erdenkbaren Querverbindungen werden hergestellt. Es haben Musiker der verschiedensten Herkunftsländer versucht, miteinander zu spielen - mit mäßigem Erfolg, zugegeben, aber immerhin. Und das Publikum hat feste mitgemacht und war sehr begeistert von gewissen Veranstaltungen; von anderen natürlich auch weniger. Daß diese Festspielidee hauptsächlich von der Jugend getragen wird, ist sehr erfreulich für uns – und sehr unerfreulich für die Ossiacher. Denn für die geht es nur ums Geld, also um den Fremdenverkehr. Der unausgesprochene Haupteinwand gegen die jungen Leute, der von den Festivalvätern vorgebracht wird, ist ja im Grunde nicht, daß sie lange Haare haben oder sich relativ weniger waschen, sondern daß sie kein Geld haben. Ein deutscher Industrieller, der nach Salzburg fährt, läßt in Salzburg täglich seine tausend Schillinge. Und ein Jugendlicher in Ossiach eben nur fünfzig. Das Ergebnis ist klar. Das hat mit Ideologie überhaupt nichts zu tun, einzig mit Geld; mit kommerziellen Interessen. Ich benutze das Wort durchaus nicht nur abschätzig, als wollte ich von heute auf morgen den Kommerz beseitigen. Das primitive Zeichen für Anerkennung in der Welt, wie sie nun einmal heute ist, ist das Geld, das man dafür bezahlt, dieses oder jenes zu sehen und zu hören. Wenn einer sagt, ich will den Karajan sehen, das ist mir hundert Mark wert, so ist das ein Zeichen von Anerkennung. Es wäre natürlich schön, wenn die Anerkennung sich nicht in einem blauen Geldschein, sondern in etwas menschlicherer Form ausdrücken würde. Aber um das durchzusetzen, müßte ich wieder unter die Weltverbesserer gehen, und das liegt mir nicht.

Wie würde ein von Ihnen geleitetes Festival aussehen?

Ich leite ja auch Ossiach nicht, weil mir jedes Leiten widerlich ist. Aber eine Art Ideenlieferant für Ossiach und Viktring bin ich schon. Mir lag nie daran, möglichst viele, sondern Musiker der unterschiedlichsten geographischen und künstlerischen Herkunft herbeizuziehen zu einem musikalischen und verbalen Ideenaustausch. Das ist, je nachdem man es betrachtet, ein sehr bescheidenes oder ein sehr anspruchsvolles Ziel. Bei den normalen Festpielen ist es doch so, daß die meisten teilnehmenden Künstler gar nicht am Festspielort wohnen. Entweder sausen sie überhaupt nur durch, auf dem Weg von Konzert zu Konzert, oder sie ziehen sich in gemietete Sommerresidenzen auf dem Lande zurück. Auf diese Weise kann nie ein Ideenaustausch zustande kommen. In Ossiach wie in Viktring aber ist es ein Vertragspunkt, daß die Anwesenheit aller beteiligten Künstler, gleichgültig wie oft, wie lange und wann sie spielen, für die ganze Dauer des Festivals gewünscht wird. Sie sollen ruhig herumlungern. Nur so kommt es zu Kontakten. Dabei können natürlich alle guten Vorsätze in einer Woge von Geschwätz untergehen. Deshalb mache ich es jetzt anders. Auch wenn es nicht der Weisheit letzter Schluß ist: für mich sind ab sofort alle Festspiele gleich, ob es sich nun um Bayreuth oder Avignon, Luzern oder Donaueschingen handelt. Ihre Motivation ist ja ähnlich, gleichgültig, ob sie sich nun konservativ oder progressiv geben. Darum machen wir es in Zukunft so: die Anima-Gruppe fährt mit ihren Wohnwagen einfach in die Festspielorte und spielt. Was sonst auf dem Programm steht, ist ihr ziemlich schnuppe. Ob da geredet, diskutiert oder der „Fidelio“ aufgeführt wird, ist ganz wurscht. Wir bauen uns auf mit unserer Wagenburg und spielen Anima.

Wie abhängig sind sie dabei von guten Klavieren?

Ziemlich. Wenn ich jetzt sage, daß ich ein gutes Instrument lieber habe als ein schlechtes, ist das eine Banalität. Aber beim Konzertieren bin ich - im Gegensatz zu manchen Kollegen - sehr scharf auf perfekte Stimmung. Ich kann es nicht leiden, wenn ein Stimmer vor der Probe kommt. Dann übt man, und dann ist er frisch wieder verstimmt, der Scheißkasten. Ich führe einen lebenslangen Kampf darum, daß die depperten Stimmer nicht in der Früh kommen. Denn erst komme ich - das kann vormittags sein oder nachmittags oder irgendwann -, um das Instrument kennenzulernen, und anschließend erst hat der Stimmer zu erscheinen. Aber das ist nur zu erreichen, wenn man es zum tausendsiebenhundertzweiundsechzigsten Mal, noch dazu jedesmal in derselben Stadt, in der man es eigentlich schon wissen müßte, erneut vorbetet. Ich kann nicht begreifen, daß viele Kollegen in diesem Punkt eher nonchalant sind. Ich hasse das. Mein Favorit-Klavier ist der Bösendorfer. Den halte ich für das beste Klavier, das es gibt. Das zweitbeste ist der Steinway, aber der Steinway hat den gewaltigen Vorteil, daß es ihn überall gibt, samt hervorragenden Technikern. Von dem guten Bösendorfer finden sie wirklich greifbar auf der ganzen Welt nur ein paar Stück und die meisten natürlich in Österreich, in Wien und näherer Umgebung, also in Salzburg und Graz. Ende der Durchsage! Sehr traurig und sehr österreichisch! Da fabrizieren die ein Top-Produkt, und dann ist es nirgends aufzutreiben oder die Pflege ist gleich Null. Ich habe einmal in einem Anfall von Wahnsinn in London einen Bösendorfer verlangt. Es gab tatsächlich einen, aber der war in einem unbeschreiblichen Zustand, und die Beleidigung der Steinway-Leute stellte sich als höchst überflüssig heraus. Die hielten mir meine Caprice natürlich bitter vor. Wie können Sie uns das antun! Sie spielen schließlich seit zwanzig Jahren Steinway! Ich habe ihnen in meiner Wahrheitsliebe geantwortet, der Bösendorfer sei ein herrliches Instrument. Aber darauf haben sie nur hämisch genickt. Dann kam der Bösendorfer, erstens, um eine Dreiviertelstunde zu spät und zweitens, war er verstimmt, und so bin ich reumütig zu Steinway zurückgekehrt, der das, was ihm meiner Meinung nach an höchster handwerklicher Vollendung fehlt, mehr als wettmacht durch den hervorragenden Service, den man ihm beigibt.

Worauf spielen Sie denn nun bei Ihren Anima-Tourneen?

Auf meinem normalen Konzertklavier. Außerdem habe ich mein elektrisches Klavier dabei, meine Flöten und das elektronische Zeug. Bei diesen Konzerten wird der Klavierklang sehr oft, aber nicht durchweg elektronisch verfremdet. Da ist also die Ausgangsqualität des Klaviers nicht so wichtig. Wenn man sich aber, was bei mir mindestens zu fünfzig Prozent der Fall ist, für einen gesunden, normalen, akustisch herrlichen Klavierklang entscheidet, dann muß der von selbst kommen. Dem kann man elektronisch nicht aufhelfen. Wenn des a Scher'm ist, dann bleibt des a Scher'm. Es ist schon herrlich, wenn man draufhaut aufs Klavier, und es kommt eine riesige Klangwolke heraus. Das ist halt bei einem mittelmäßigen Instrument nicht der Fall.

Wie ist es denn aber in den Jazz-Kellern? Man kann Ihnen doch nicht immer einen Steinway nachrollen!

Na ja, das ist halt grimmig. Die Klaviere in den Jazz-Kellern sind indiskutabel - nicht immer, aber fast immer. Was soll man da machen. Das ist halt Pech.

Das lähmt aber ihre Lust nicht?

Ja, es schränkt sie schon ein. Mein Gott, man hätte gern ein gutes Klavier, aber man kann nicht immer, wie man gern möchte.

Steigen Sie genau so ruhig auf das Podium bei einem klassischen Konzert, bei einem Klavierabend, den Sie geben, wie wenn sie in einem Jazz-Keller spielen? Haben Sie Lampenfieber bei dem einen, bei dem anderen aber nicht?

Es ist schon so, daß ich bei klassischen Konzerten mehr Lampenfieber habe als bei Jazz-Konzerten oder gar Anima-Konzerten, bei denen man praktisch keins haben kann, weil es mit dieser Musikproduktion unvereinbar ist. Natürlich wird der Leser jetzt sagen: Na bitte, die klassische Musik ist eben doch schwieriger und eine höhere Leistung. Und da muß ich antworten: „Leider" und nicht „Gott sei Dank" - wie der Reaktionär, der sich darüber freut, daß es schwerer ist. Mir tut es jedenfalls leid, und ihm sollte es auch leid tun. Das Schwierige im klassischen Konzert, das, was nervös macht und dieses Lampenfieber auslöst, beruht ja nur auf rein Manuellem. Wenn man danebenhaut, ist es bei aller Phantasie unkorrigierbar. In einer improvisierten Musik machen sie selbstverständlich auch Fehler, aber sie haben hinterher die Möglichkeit, diese Fehler auszubügeln - und zwar höchst kunstvoll. Wenn man sich schon verspielt, hat man die Chance, diese Fehlleistung in die Improvisation zu integrieren, aus der Not eine Tugend zu machen, indem man ganz einfach (für manche ist das ungeheuer schwierig) die Konzeption ändert und den Irrläufer der Hand so ausleuchtet, als sei er beabsichtigt gewesen. Das können sie in der festgelegten Musik nicht. Was da falsch ist, bleibt falsch.

Wie kann man denn bei einer Improvisation „falsch“ spielen? Falsch kann man doch nur den Verstoß gegen ein Regelwerk nennen, das es doch aber in der Improvisation nicht gibt?

Nehmen wir einmal an, der Fehler, der passiert (und er passiert leider nur allzu häufig), entsteht unabhängig von Ihnen dadurch, daß die Elektronik ein entsetzliches Rückkopplungsgeräusch fabriziert. Da pfeift es auf einmal, daß es Ihnen die Ohren zerreißt – ein für uns und das Publikum höchst unangenehmer Fehler. Was mache ich also, da ich Gott sei Dank mit einem absoluten Gehör gesegnet bin? Ich spiele, so laut ich kann, den Pfiff des Rückkopplers auf dem Klavier ein paarmal nach und stelle die Entgleisung dadurch als beabsichtigt hin: als integralen Bestandteil der Improvisation.

Leiden Sie denn nicht unter diesem absoluten Gehör?

Nein, warum? Ich höre genau: das war ein cis, das ist ein d, und dies ist etwas dazwischen. Ich kann jeden Ton benennen. Auch den Rückkopplungspfiff. Mitunter ist es natürlich auch schmerzhaft, das absolute Gehör zu besitzen. Aber – um noch einen Schritt weiter zu gehen –: Hellsehen ist schließlich auch kein Vergnügen. Etwas vom Hellseher hat man jedoch als sensibler Musiker, besonders als Anima-Musiker. Dadurch geht vieles ohne verbale Verständigung. Ich muß meinen Partner nicht verwarnen: ich spiele jetzt laut. Ich weiß, daß er in der nächsten halben Minute sehr laut spielen wird. Das spürt man. Das ist eine Art von Hellhörertum, das über das absolute Gehör noch hinausgeht.

Ist mit dieser explosiven Mischung aus Klassik, Jazz und Anima auf dem internationalen Musikmarkt, der sich doch der Künstlernamen wie festumrissener Markenartikel bedient, ein Vermögen zu machen?

Das ist für mich eine sekundäre Erwägung, aber ich kann mich nicht beklagen. Ich verdiene genug, um bequem und sorgenfrei zu leben.

Verdienen Sie mehr mit Gulda, oder verdient Gulda mehr mit Beethoven?

Mir widerstrebt es, das so beim Namen zu nennen und aufzuschlüsseln. Ich verdiene viel Geld mit Beethoven, um diesen mir unangenehmen Ausdruck zu gebrauchen, und ich verdiene immer mehr jetzt mit Gulda. Die Schallplatten gehen gut, meine Kompositionen bringen auch etwas ein. Es kommt zusammen. Das eine war viel, das andere wird langsam mehr.

Haben Sie einen eigenen Musikverlag eröffnet?

Nein. Ich habe keinen eigenen. Das wär' mir zu fad, Noten zu drucken und Vertriebsorganisationen zu überwachen. Das ist ja Blödsinn. Ich habe einen Wiener Verlag. Der soll ruhig mitverdienen. Ich verdiene schließlich auch was.

Diesem Verlag also sind Sie treu. Aber in relativ wenigen Jahren haben Sie schon eine ganze Reihe von Schallplattenfirmen durchsaust. Woran lag das?
Auf meinem Wege von der Klassik zum Jazz wollten mir die Firmen nicht gerade mit Begeisterung folgen. Von 1945 bis 1956, zehn Jahre lang also, in denen ich noch als Klassik-Interpret durch die Lande reiste, hatte ich einen Exklusiv-Vertrag mit der Decca Records Company. Dann sah ich mich gezwungen, von ihr wegzugehen, weil der Chief Executive, Victor Olof, Gott hab ihn selig - mir wörtlich sagte - und daran erinnere ich mich noch so genau, wie wenn es gestern gewesen wäre -: „If you play one note of Jazz, we will drop you like a hot brick!". Bevor Decca mich aber „wie einen heißen Ziegelstein" hätte fallen lassen können, bin ich lieber selber gegangen. Das war das Ende dieses Vertrages. Aber wenigstens hatte mir Olof reinen Wein eingeschenkt, auch wenn ich mich nicht bemüßigt fühlte, ihn zu schlucken. Er war ehrlich, das ist schließlich schon viel. Ich bin dann weitergezogen und habe ein bissel bei der Deutschen Grammophon 'rumgenudelt. Ich habe mit Pierre Fournier, dem Cellisten, die Beethoven-Sonaten eingespielt. Das war denen auch nicht sehr recht. Sie haben die Aufnahme wieder aus dem Markt gezogen und mit Wilhelm Kempff renoviert. Auch dort hielt man mich wahrscheinlich für einen unsicheren Kantonisten, auf dessen Karriere sich nicht blindlings bauen ließ. Man hat es mir nicht gesagt. Soweit ging es nicht. Man wählte die weiche Tour, nach dem Motto: „Das ist ja alles sehr schön, aber wissen Sie, wir müssen auch an die älteren Käuferschichten denken". Ich habe noch etwas Kammermusik bei der Deutschen Grammophon aufgenommen und dann für verschiedene kleinere Labels gespielt, hier mal etwas, dort mal etwas, bis der Amadeo-Mensch kam und mich für die Einspielung aller Beethoven-Klaviersonaten gewann. Das wurde dann ein großer Erfolg, sogar ein Bestseller, der sich den Deutschen Schallplattenpreis gewann. Aber auch das hat zu keiner Exklusiv-Bindung an Amadeo geführt, weil man mir und meiner Weiterentwicklung zum Jazz mit innerer Reserve gegenüberstand. Ich nehme das den Amadeo-Leuten auch gar nicht übel. Ich konstatiere es nur, ganz sachlich. Dann sind plötzlich die MPS Records aufgetaucht. Das war - und ist eigentlich noch immer - eine Jazz-Firma. Die hat sich wohl gesagt: „Okay, der Gulda ist ein begabter Jazzer, den wollen wir auch im Katalog führen, und wenn es schon sein muß, na ja, dann soll er halt in Gottes Namen auch seinen Beethoven spielen". Da war die Lage also genau umgekehrt. Wie die anderen meine Jazzerei gerade noch toleriert haben, wenn überhaupt, so hat MPS anfangs meine Klassik gerade noch toleriert, denn deren Slogan hieß schließlich „MPS for Jazz". Und wenn da der alte Schubert mitläuft, dann sieht man das als imageschädigend an. Aber glücklicher-

weise erwies sich Hans Georg Brunner-Schwer, der MPS-Chef, als ein weichherziger Mensch und als einer der ganz wenigen privaten Mäzene im Musikgeschäft. Er ist ein echter Jazz-Fan, aber mit den nötigen Millionen, seinen Neigungen produzierend nachzugehen. Sein Idol ist Oscar Peterson - immerhin ein Großmeister. Es gibt schlechtere. Ich jedenfalls bin Brunner-Schwer sehr verpflichtet. Ich habe inzwischen für MPS ein rundes Dutzend Platten gemacht und stehe bei der Firma exklusiv unter Vertrag. Der erste klassische Wurf, eher noch ungern in den Katalog aufgenommen, war die Kassette mit den Debussy-Préludes. Es folgten, gewissermaßen als Nachschuß zur Einspielung der Sonaten, die Diabelli-Variationen Beethovens, und jetzt liegt seit kurzem auch der 1. Teil von Bachs „Wohltemperiertem Klavier" vor, dem noch in diesem Jahr der 2. Teil folgen wird. Ein bissel Schubert ist außerdem geplant. Und nebenbei jazze ich natürlich fleißig weiter, was MPS ja die Hauptsache ist, Gott sei Dank. Eine andere Frage ist, was ich mit Anima mache.

Das ganze Konzept der Anima-Musik läuft doch aber der Aufzeichnung auf Schallplatten zuwider.

Ja, da haben Sie recht. Ich hatte ausführliche Diskussionen darüber mit Paul Fuchs, weil ja Anima das Hirn nicht aus-, sondern einschließt. Das möchte ich noch einmal betonen. Wir haben uns dann darauf geeinigt, die Schallplatte gewissermaßen als Abfallprodukt unserer Konzerte anzusehen. Natürlich spielen wir jeden Abend anders und meistens auch besser als im vorangegangenen Konzert, und die arme Schallplatte hinkt da natürlich mit ihrer Produktionszeit von zwei bis sechs Monaten verzweifelt hinterher. Für uns, die Anima-Gruppe, ist die Schallplatte ein Abfall. In bezug auf die herkömmliche Musik aber ist sie wohl dennoch von Nutzen und hat einigen dokumentarischen Wert: als Bekanntmachung eines musikalischen Prinzips.

Hören Sie selbst viel Schallplatten?

Ich höre mir immer die neuesten Sachen an. Aus rein informatorischen Gründen. Ich will immer wissen, was läuft. Klassik höre ich - wenn überhaupt - mehr zum Vergnügen: so ein schönes Beethoven-Streichquartett, das ist eine Labe. Sonst aber konzentriere ich mich in erster Linie auf Jazz-Musik und Umgebung. Wenn man dabei etwas besonders Gutes hört, will man es selbst auch wieder besser zu machen versuchen. Das reizt schon den Ehrgeiz. Das ist wahr. Seltener höre ich mir meine eigenen Aufnahmen an: zur Selbstkritik und zur Reue, die übrigens immer eintritt, spätestens drei Monate nach der Aufnahme. Rubinstein hat angeblich gesagt: „Wenn man eine neue Schallplatte gemacht hat, möchte man sie am liebsten sofort dem Briefträger vorspielen, und nach drei Monaten ist man froh, daß er sie nicht gehört hat." So ähnlich ist es. Man ist nie richtig zufrieden. Ich glaube, das geht allen so.

Gab es eigentlich eine Zeit, in der Sie sich für den größten Pianisten der Welt hielten?

Das immer. Davon bin ich überzeugt. Denn sonst würde ich versuchen, so zu spielen, wie andere. Das hat gar nichts mit Einbildung zu tun. Sie würden wahrscheinlich von allen Kollegen dieselbe Antwort erhalten, nehme ich an, und aus demselben Grunde. Wenn ich nicht der Meinung wäre, der beste zu sein, würde ich alles daran setzen, anders zu spielen. Das tue ich aber nicht. Ich bin sehr froh darüber, wie ich spiele. Natürlich lernt man noch immer hinzu; es geht weiter. Es versucht eben jeder Musiker, sich bestmöglich zu verwirklichen. Das geht Hand in Hand damit, daß er das, was er will und was ihm zum Teil auch gelingt, für das Bestmögliche hält. Ich bin überzeugt, daß alle Kollegen sich sicher sind, daß es so, wie sie es machen, am besten ist. Meine Ansicht ist: Du sollst einen gesunden Ehrgeiz haben und dich stets nur an den höchsten Beispielen messen.

Wieder fällt das Wort Ehrgeiz. Kommt es denn nicht dem von Ihnen so gern apostrophierten Verzicht auf das Leistungsprinzip ins Gehege?

Eine sehr berechtigte Frage! Wie kann ich sie jetzt beantworten? Na ja, ich will nicht wieder wie ein Pfarrer reden, aber es wird mir wohl nichts anderes übrig bleiben. Wissen Sie, vielleicht kann sich das Leistungsprinzip mit seinem Gegenteil dadurch versöhnen, daß der sogenannte gesunde Ehrgeiz durch das Gefühl der Solidarität mit dem Objekt dieses Ehrgeizes zum Guten umgepolt wird. Ehrgeiz ist dann infam, wenn ich ihn einsetze, um den anderen niederzuhauen oder an die Wand zu spielen. Wenn ich ihn aber aus Liebe und Bewunderung nutze, weil ich dem anderen künstlerisch nahe sein möchte, so hat es sein gutes. Der Begriff Ehrgeiz fällt dann mit dem der Solidarität zusammen, den man auch mit dem großen Wort „Liebe“ gleichsetzen kann.

Sie haben immer plädiert für eine Veränderung des Habitus der bürgerlichen Konzerte. Überall konnte man lesen, daß Sie nicht mehr im Frack auftreten, sondern in beliebigem Anzug. Läuft das nicht inzwischen auf ein Kostümfest hinaus, zu dem sich das herkömmliche Konzert neue, aber überflüssige Maskeraden sucht?

Dazu kann es natürlich kommen. Aber der Sinn dieser Durchbrechung des Frack-Rituals ist eigentlich der, daß jeder ruhig anziehen soll, was ihm gefällt und was er gern trägt. Nun gibt es freilich auch bei den jungen Leuten einen Trend zur Uniformität, daß nämlich jeder auf genau die gleiche Weise individuell ist wie die anderen. Wenn dieser Trend sich so weit verfestigt – was erfreulicherweise noch nicht der Fall ist –, daß es eines Tages heißt: „Es wird gebeten, in der Kleidung auf den Pop-Charakter der Veranstaltung

Rücksicht zu nehmen“ (wie es sich die Salzburger Festspiele, allerdings mit umgekehrtem Vorzeichen, erbitten), dann würde ich selbstverständlich sofort wieder im Frack auftreten. Aber es ist nicht soweit. Man muß gerechterweise feststellen, daß das lächerliche Kleidungsritual einzig eine Krankheit des klassischen Betriebs ist. Zu Pop-Veranstaltungen kann ich auch noch im dunklen Anzug mit Krawatte gehen. Die Leute schauen zwar dann auch ein bißchen erstaunt, aber sie werden mich deshalb nicht hinauswerfen. Sollte es aber je soweit kommen, gehe ich wieder im Frack. Aber es ist überhaupt eine Veräußerlichung, wenn man diese Geschichte, was ich nun trage oder was man zu tragen hat, zur Kardinalfrage macht. Das ist schon sehr traurig. Eigentlich steige ich ja nicht auf das Podium, um einen Anzug herzuzeigen, gleichgültig ob das nun Jeans sind oder ein Frack, sondern um Musik zu machen.

Kürzlich haben die Berliner Philharmoniker ein Konzert mit Neuer Musik gegeben und erschienen dazu im sogenannten Räuberzivil. Man hatte den Eindruck: jetzt haben sie sich alle verkleidet.

Das war ja auch so. Sie haben sich auch verkleidet.

Eine andere Art von Verkleidung wäre es vielleicht, wenn Sie Ihr Konzertsaal-Repertoire im Jazz-Keller spielten. Haben Sie das je versucht? Würden die Leute sich das gern anhören?

Ja – den Teil, der von ihren beengten Jazz-Gehirnen gerade noch als Jazz-Musik akzeptiert wird, den hören sie sich erfahrungsgemäß sehr gern auch im Jazz-Club an.

Sie könnten dort aber auch mit der Appassionata missionieren, zum Beispiel –

Gerade die „Appassionata“ wäre dort fehl am Platz. Sie dort einzuschmuggeln, würde zweifellos zu dem Mißverständnis führen: „Ach, jetzt will der sich mausig machen, weil er so schnell und so laut spielen kann.“ Das wäre also ein Schlag ins Wasser. Aber es gäbe schon eine Möglichkeit, auch im Jazz-Club gewisse Musiken der sogenannten klassischen Sparte zwanglos ins Programm aufzunehmen – natürlich ohne Ansage, ohne erhobenen Zeigefinger. Bevor die noch merken, daß das von Bach war, ist es schon wieder vorbei und hat ihnen gefallen. Genauso also, wie ich es umgekehrt mit dem Jazz als Zugabe zu klassischen Programmen mache.

Warum sind Sie denn gerade im Jazz-Club so zaghaft? Sie erheben doch sonst ganz gern und ungeniert den Zeigefinger?

Ich rede halt mit allen Leuten in der Sprache, die für sie paßt. Die Jazz-Kumpel halten nun einmal nichts vom erhobenen Zeigefinger, und sie brauchen ihn auch nicht. Aber das traditionelle Musikpublikum, das sagt „Herr Gulda, im zweiten Takt auf Seite 17 ...", das lechzt danach, mit erhobenem Zeigefinger aufgeklärt zu werden. Für dieses Publikum ist es angebracht.

Es ist doch aber etwas ganz Schönes, daß die Leute sich ernsthaft mit der Musik und ihrer Wiedergabe beschäftigen, nicht nur gemütvoll zuhören und sich Klassisches vorplätschern lassen, sondern um Aufklärung bitten - und sei es über den zweiten Takt der siebzehnten Seite.

Das sind Leute, die stärker musikwissenschaftlich orientiert und nicht so musikantisch und unbekümmert sind wie die Jazzer. Für die Jazzer genügt es, wenn ich mich hinsetze und spiele. Die einen wollen halt Musik übers Hirn aufnehmen, die andern mehr über die Eingeweide.

Aber, Herr Gulda, daraus geht doch deutlich hervor: Sie ziehen, ohne auch nur mit der Wimper zu zucken, in jede Philharmonie der Welt und spielen im ersten Teil des Programms Beethoven, im zweiten Teil Gulda, und das ist für Sie eine Selbstverständlichkeit. Der umgekehrte Weg jedoch, sich genau so kühn und keck in einem Jazz-Club hinzusetzen und Klassisches zu spielen, wird von Ihnen nur mit starken Vorbehalten begangen.

Ich halte das für die Jazzer nicht für so notwendig. Was in den Philharmonien gespielt wird, ist altmodische Musik, und was im Jazz-Keller gemacht wird, ist neue Musik. Das Neue ist wichtiger als das Alte. Diesen Faktor muß man doch stark einkalkulieren. Man muß bei den Leuten, die am Althergebrachten, an den erstarrten Formen hängen, Aufklärungsarbeit leisten. Aber die Leute, die ja die Wahrheit - wenn auch in einer naiven, unbekümmerten Weise - ohnehin wissen, die braucht man nicht aufzuklären. Nebenbei bemerkt spiele ich für die Jazzer andauernd klassische Musik. Nur merken sie das nicht. Ich schreibe Kompositionen, in denen alles vorkommt, von Bach bis Debussy. Sie wissen nicht, daß es so ist, aber sie fressen's.

Es wäre doch nun denkbar, statt mit dem Gulda-Repertoire in die philharmonischen Bürgerstuben der erhabenen Musik einzubrechen, zum Beispiel Boulez zu spielen. Denn das hassen die Traditionalisten doch nun wirklich wie die Pest.

Ja, da haben sie völlig recht.

Also das, was in der Sparte Klassik der zeitgenössischen Musik vor sich geht, finden Sie abscheulich?

Ja, abscheulich auch.

Haben Sie sich denn damit ähnlich intensiv beschäftigt wie mit Anima?

Das ist wieder etwas anderes. Das geht einen Schritt weiter. Abscheulich - na ja, das ist vor allen Dingen eine Geschmacksfrage. Aber ich finde diese Musik vom Ansatz her verfehlt. Sie erscheint mir als das konsequente Beharren auf der kleinen, weißen, schmalen, engen europäischen Tradition. Sie übt eine absolute Scheuklappentaktik gegen alles, was außerhalb dieses sehr kleinen Stückchens europäischer Erde jemals passiert ist oder jetzt, heute, überall passiert. Das ist mein Vorwurf - und das Publikum hat sich um die Musik durch konsequente Ablehnung dieser Produkte große Verdienste erworben. Ich entdecke in dieser Musik die Tendenz zur europäischen Hochnäsigkeit, die durch nichts gerechtfertigt ist. Diese Tendenz besteht in dem einen mehr, in dem anderen weniger und - wie ich gern einräume - zu einem geringen Teil auch in mir.

Eine letzte Frage - diesmal wieder utopischer Natur. Gesetzt den Fall, Herr Gulda, Sie ließen sich einmal psychoanalysieren. Was käme, glauben Sie, dabei heraus?

Ich denke: zweifellos eine machtvolle Vater- und Mutterverbindung mit vorhandener und langsamer Überwindung einer starken Neurose unter produktiven Begleitumständen. Diese Neurose ist aber keineswegs so privater Natur, wie es manche gern sehen möchten, sondern Teil einer weltumspannenden Kollektivneurose. Wahrscheinlich würde Sigmund Freud, wenn mir mein Leben gelingt, einen exemplarischen Fall von Selbstheilung diagnostizieren.

16. Mai 1930	in Wien geboren. Vater und Mutter sind Lehrer.
1937	Unterricht am Grossmannschen Volkskonservatorium.
1938–1942	Unterricht bei Felix Pazofsky.
ab 1942	Studium an der Wiener Musikakademie. Schüler der Meisterklasse von Bruno Seidlhofer. Theorie- und Kompositionsunterricht bei Joseph Marx.
1944	Erstes öffentliches Konzert.
1946	Erster Preis beim Internationalen Musikwettbewerb, Genf.
1947	Auftritt im Rahmen des „Prager Frühlings".
1948	Auftritt im Rahmen der Wiener Festwochen.
1949–1950	Tourneen durch Südamerika und die USA.
Herbst 1950	Debüt in der Carnegie Hall, New York. (New York Telegraph: „Die sensationellste Entdeckung ... eine Begabung, wie sie nur alle hundert Jahre auftaucht".)
	Konzerte unter Ernest Ansermet, Clemens Krauss, Dimitri Mitropoulos, Guido Cantelli, Rafael Kubelik u. a.
	Konzerte mit Pierre Fournier, Wolfgang Schneiderhan, Hilde Güden, Ljuba Welitsch, dem Bläser-Ensemble der Wiener Symphoniker u. a.
	Zyklische Aufführungen aller Beethoven-Sonaten. Gründung des „Klassischen Gulda-Orchesters der Wiener Symphoniker".
1956	Debüt im New Yorker „Birdland", dem berühmtesten Jazzlokal der Welt. Teilnahme am Newport Jazz-Festival.
1957	USA-Tournee mit klassischem Programm, im zweiten Konzertteil gefolgt von Jazz-Improvisationen mit eigener Combo.
	Trio mit Albert Heath (Schlagzeug) und Ron Carter (Baß). Trio mit Albert Heath und Jimmy Rowser (Baß).
	Gulda spielt außer Klavier und Elektro-Klavier Flöte und Bariton-Saxophon.
1962	Konzert unter Karl Böhm im Rahmen der Berliner Festwochen. Absage aller weiteren Konzerte.
1964	Öffnet die Wiener Festwochen dem Jazz. Stellt seine Big Band, das Eurojazz-Orchester, vor.
1966	Initiator des Internationalen Wettbewerbs für modernen Jazz, Wien. 116 Teilnehmer aus 24 Ländern. Jury: Cannonball Adderley, Art Farmer, J. J. Johnson, Joe Zawinul, Ron Carter, Mel Lewis.

1968	Erstes Internationales Musikforum in Ossiach.
1971	Begegnung mit Paul und Limpe Fuchs in Ossiach.
1972	Dreißig Anima-Konzerte im Salzburger Bürgerspitalhof (26. Juli bis 20. August).
1973	Konzertserie für die Jeunesses Musicales in Wien. Konzerte in Berlin, Paris, Hamburg usw.
	„Midlife Harvest" - musikalische Autobiographie auf acht Schallplatten.
	Verheiratet in erster Ehe mit der Filmschauspielerin Paola Loew (Söhne David und Paul). Zweite Ehe mit der Japanerin Yuko (Sohn Rico).

DISKOGRAPHIE

Auf Wunsch Friedrich Guldas sollte sich seine Diskographie auf folgende Aufnahmen beschränken:

Beethoven: Sämtliche Klaviersonaten, Amadeo AVRS 6434-44 St.
Beethoven: Die fünf Klavierkonzerte, Decca SKB 25060-D/1-4 (Stereo)
Beethoven: Diabelli-Variationen, MPS 13 000 Stereo
Joh. Seb. Bach: Das wohltemperierte Klavier, 1. Teil, MPS 49 21552-0 Stereo
Joh. Seb. Bach: Das wohltemperierte Klavier, 2. Teil, MPS in Vorbereitung
Debussy: 24 Préludes, Band 1 und 2, MPS CVB 857 Stereo
Friedrich Gulda „encores", Amadeo AVRS 6274 St.
Fata Morgana. Friedrich Gulda live at the Domicile, MPS Stereo 21 20886-9
Improvisations. MPS (in Vorbereitung)
Anima. PILZ Stereo 20 29097-2
Midlife Harvest. MPS (in Vorbereitung). Diese Kassette mit 8 Schallplatten wird folgende Werke Guldas enthalten: 1. Sieben Galgenlieder, 2. Concertino for Players and Singers, 3. Sieben Golowin-Lieder, 4. Little Suite, 5. Piano Concerto Nr. 1, 6. Play Piano Play (Stück 1-10), 7. Variations, 8. Piano Concerto Nr. 2, 9. Music for Four Soloists and Band, 10. Fantasy for Four Soloists and Band, 11. Suite for Piano, E-Piano and Drums, 12. Prelude and Fugue, 13. Sonatine, 14. Variations for Two Pianos and Band, 15. Blues Fantasy, 16. Meditation.

Bildquellen: Elfriede Broneder 19 – Hubmann 23 u. – MPS Records 21 u., 22 u., 23 o., 24 – Lothar Schiffler (BASF Musik Produktion) 22 o. – Ullstein-Köster 21 o. – Ullstein-Popper 18 — privat 17, 20 o., 20 u.

Die beiden Motti (S. 7 und 11) wurden mit freundlicher Genehmigung des R. Piper & Co. Verlages entnommen dem Band 11 der Serie Piper „Worte zur Musik".